Der außergewöhnliche Mensch

Genie, Talent, Hochbegabung im 21. Jahrhundert

von

Alexander Hans Gusovius

Tectum Verlag
Marburg 2005

Gusovius, Alexander Hans:
Der außergewöhnliche Mensch.
Genie, Talent, Hochbegabung im 21. Jahrhundert.
/ von Alexander Hans Gusovius
- Marburg : Tectum Verlag, 2005
ISBN 978-3-8288-8859-3

Tectum Verlag
Marburg 2005

Coverbild "Zum Meer"
von Christine Felix Pohl

Inhaltsverzeichnis

Vorwort

Ein Buch mit einem derart ungewöhnlichen Titel verführt nicht nur zur Neugier, sondern ist geradezu zwingend. Meine Neugier, als ich das Manuskript zum ersten Mal in Händen hielt, wurde genährt von meiner nunmehr fast dreißgjährigen Beschäftigung mit dem Verhalten und den Motiven hochbegabter Menschen. Als ich es aufschlug, war ich so gefesselt, daß ich es in einem Zug zu Ende las. Was ist nun das Besondere, das Außergewöhnliche an diesem Buch? In der Begabungsliteratur gibt es nichts Vergleichbares.

Gusovius ist nicht nur ein intelligenter Beobachter des wahren Lebens, ein ursprünglicher und scharfsinniger Denker, sondern er ist auch überaus praktisch. Damit entspricht er der Beschreibung des augenblicklich wohl größten Begabungsforschers Robert Sternberg. Denn Hochbegabung (neuerdings spricht Sternberg von Erfolgsintelligenz) kommt in einer ausgewogenen Verbindung von analytischem, kreativem und praktischem Denken zum Ausdruck. Mit konventionellen Intelligenztests kann letzteres gerade nicht festgestellt werden, und in den Schulen wird nur das gewöhnliche und nicht das produktive Denken gefordert und gefördert, meint Sternberg.

In acht Kapiteln wird im folgenden am Kontrastbild des gewöhnlichen und außergewöhnlichen Menschen die wuchtige Unterschiedlichkeit menschlicher Bestrebungen, von Zielsetzungen und Lebensbewältigung dargestellt. Die Beobachtungen reichen von der Kindheit bis zum Erwachsenenalter, von der menschlichen Vergangenheit bis zur Gegenwart, und im letzten Kapitel wird die zukunftsbezogene Zeitperspektive in einem notwendig abstrakten, aber inhaltlich erfühlbaren Entwurf dargeboten. Natürlich gewinnt der außergewöhnliche Mensch gerade in dieser Hinsicht hohe Bedeutsamkeit, wenn Gusovius vermeintliche Gegensätze nicht allein auflöst, sondern ihrer polaren Identität zuführt. Seine Sprache ist von skalpellähnlicher Schärfe. So seziert er das gewöhnliche Verhalten eines Bankbeamten ebenso brillant wie den Habitus des Wissenschaftlers und Arztes. Immer geht es ihm darum, aufzuzeigen, daß unser Leben auf Anpassung und Durchschnittswerte eingestellt ist. Und gerade das fällt bereits dem außergewöhnlichen Kind so schwer. Zum Beispiel: „Denn wo man sich anpaßt, versickert die visionäre Anlage" (S. 20), oder: „Und so reproduziert sich die gewöhnliche Welt beständig selbst und errichtet eine Diktatur des Durchschnitts" (S.66).

Wohltuend an diesem Buch, im Unterschied zu manch trockener wissenschaftlicher Analyse, ist die wortgewandte, treffsichere Beschreibung von Lebenssituationen hochbegabter Menschen – und vor allem die Enttarnung der Widerwärtigkeiten des Lebens, denen außergewöhnliche Menschen nun einmal ausgesetzt sind.

Man weiß fast sicher, wenn man dieses Buch liest, daß der Autor aus reicher eigener Lebenserfahrung geschöpft hat. Wie sonst könnte er ein derartig schwieriges Thema analytisch, kreativ und gleichermaßen praktisch darstellen. Dieses Buch wird jeder mit Gewinn lesen, der endlich einen frischen und neuen Blick auf den hochbegabten Menschen aus verschiedenen Perspektiven werfen will.

Prof. Dr. Franz J. Mönks

President ECHA (European Council for High Ability)

Einleitung

Als ich Mitte der neunziger Jahre in Berlin gefragt wurde, ob ich für verschiedene Gruppen hochbegabter Kinder Kurse in Philosophie abhalten wollte, war ich zunächst etwas mißtrauisch. Hochbegabt? Was war damit überhaupt gemeint? Dazu hochbegabte Kinder – von nur fünf, sechs Jahren aufwärts?

Wer wollte, wer konnte das beurteilen! Wie sollte jemand sich anmaßen dürfen, irgendwelchen kaum den Windeln entwachsenen Menschlein zu attestieren, sie seien geistig etwas Besonderes...

Die Gefahr war vielmehr groß, fand ich, daß da geltungssüchtige Eltern ihre Kinder als Aushängeschild mißbrauchten, Eltern zum Beispiel, die schon der eigenen Intelligenz mehr zutrauten, als sie jemals zu leisten vermocht hatte, und darum ihre lieben Kleinen zu Intelligenzbestien zu dressieren versuchten und von mir weiter dressiert sehen wollten: damit die Niederlagen des eigenen Lebens erträglicher würden – oder damit man, anders gesagt, vor den lieben Verwandten und der Nachbarschaft endlich etwas zum Renommieren hätte, wenn sonst schon vieles im Leben fad, grau und enttäuschend war.

Ich stellte jedoch schnell fest, daß der eingetragene Verein, der die Kurse ausschrieb, ein sehr vernünftiges Auswahlprinzip verfolgte und die Kinder über die Kursteilnahme gewissermaßen selbst, nämlich mit den Füßen, abstimmen ließ. Kinder, die Samstag vormittags, wenn ihre Schulkameraden ausschliefen und das freie Wochenende genossen, freiwillig weiter Unterricht nahmen, würden kaum das Produkt fehlgeleiteter Erziehungsansprüche sein, lautete die Devise. Zumal die Kurse den Kindern einiges abverlangten, sowohl an stofflicher Dichte als auch an geistiger Konzentration. Man verzichtete von seiten des Vereins folgerichtig auf jede Form von Intelligenztests und verlegte sich lieber aufs Beobachten.

Ich war in den ersten Stunden, die ich gab, denn auch überrascht von der Lebendigkeit und Frische, mit der die Kleinen ans philosophische Werk gingen. Nicht einer unter ihnen entsprach dem Klischeebild des nickelbebrillten, durch dauernden Sonnenlichtentzug anämischen, von den Eltern auf äffchenhaftes Halbwissen gedrillten Klogschieters, den anzutreffen ich befürchtet hatte. Im Gegenteil fand ich im trübseligen Ambiente des universitären Seminarraums (den ich aus eigenen Studententagen kannte: häufig genug gefüllt mit geistig trägen, weil ebenso arbeitsunwilligen wie konzentrationsschwachen Kommilitonen) eine höchst bunte, durchweg eigenwillige und selbständig denkende Gruppe von Kindern vor – die meine Vorurteile allein durch ihren umwerfenden kindlich-klugen Charme auf der Stelle beseitigten, in der Folge auch durch die enorme geistige Freiheit ihrer vielen intelligenten Äußerungen.

Trotzdem sah ich eine Gefahr. Wenn die Kinder auch ohne jeden Zweifel geistig hochbeweglich waren und gewiß zurecht als hochbegabt eingeschätzt wurden, so konnte es immer noch sein, daß sie zuhause, im privaten Umfeld, nicht unerheblich unter Druck gerieten. Das konnte durch Erwartungshaltungen geschehen, indem ihre wohlmeinenden Eltern die verpaßten eigenen Lebenswünsche auf sie projizierten. Aber es konnte sich Druck auch so aufbauen, daß die Kinder sich vor allem selbst unter Druck setzten und durch die ebenso gutgemeinte Hochbegabtenförderung in eine inflationäre Selbstwahrnehmung gerieten, die sich für sie eines Tages als Bumerang erweisen mochte.

Denn wer dachte schon daran (und wer machte diesen Kindern klar), daß ihre außergewöhnlichen geistigen Fähigkeiten späterhin nie mehr uneingeschränkt bewundert würden, sondern daß im Erwachsenenleben irgendwann immense Probleme daraus hervorgehen könnten? Gelegentliches Gehänseltwerden in den Schulen, die sie unter der Woche besuchten, kannten einige zur Genüge; es kam sogar vor, daß hochbegabte Kinder auf dem Schulhof regelrecht abgesondert wurden, daß man ihnen, ob zurecht oder nicht, Dünkel vorwarf und letztlich, einfach anders zu sein.

10

Mit solchen Vorwürfen ist die Welt auch sonst rasch bei der Hand. Denn Gruppen, in denen Menschen sich zusammenfinden, ertragen den Einzelnen, der sie in irgendeiner Weise überragt, gewöhnlich nur schwer. Das ist besonders dann der Fall, wenn die außergewöhnlichen Leistungen außerhalb der Werte der Gruppe stehen. Indem unsere Welt aber wesentlich auf materiellen Grundtatsachen aufgebaut ist, werden finanzielle und sportliche Erfolge wie auch andere körperliche Werte meist problemlos honoriert.

Mit der Anerkennung geistiger, charakterlicher oder moralischer Leistungen tun sich Gruppen dagegen viel schwerer. Sie neigen dazu, solche Leistungsträger auszusondern, zu diffamieren oder regelrecht zu ersticken. Die Tendenz dazu gibt es schon bei Kindern. Unter erwachsenen Menschen werden jedoch erheblich härtere Mittel angewendet, der Bannstrahl von Gruppen wird unter Umständen existenzbedrohend.

Auf der Grundlage dieser Überlegungen ließ ich die kindlichen Kursteilnehmer in der fünften Unterrichtseinheit, nachdem wir über so umfassende Begriffe wie Schönheit, Wahrheit oder Freiheit nachgedacht hatte, über den für sie merkbar sensiblen Begriff Genie spekulieren. Mir war daran gelegen, ihnen deutlich zu machen, daß zum Begriffsfeld Genie nur solche außergewöhnlichen Fähigkeiten gezählt werden, die durch die Vergangenheit in irgendeiner Weise anerkannt sind: daß mithin irgendein erster genialer Mensch dafür eine Schneise des Verständnisses geschlagen haben mußte.

Im Umkehrschluß sollten die Kinder ebenfalls begreifen, daß es in der Vergangenheit Formen von Außergewöhnlichkeit gab und auch heute gibt, die auf völlige Mißachtung oder auf härtesten Widerstand treffen. Und daß sie deshalb im Leben genau hinschauen lernen sollten, ob nicht am Ende irgend jemand in ihrer Umgebung über solche unerkannten Fähigkeiten verfüge, und sich jetzt schon darauf einstellten, daß leider das, was ihnen heute noch Beifall und Anerkennung einbrächte, morgen schon Anlaß nicht unerheblicher Lebenssorgen sein könnte. Zum Bedeutungsumfeld des Begriffs Genie gehörte also auch, daß man als Genie im Leben nicht immer nur Rückenwind spüren würde, sondern durchaus damit zu rechnen hätte, daß einem der Wind zukünftig auch einmal kräftig ins Gesicht bliese.

Immerhin – diese Kinder konnten und können sich glücklich schätzen. Ihnen wird eine breitgestreute Förderung zuteil, die sie in die in ihnen angelegten Fähigkeiten viel problemloser hineinwachsen läßt, als es der Fall sein könnte, würde die Förderung fehlen. Der Normalfall ist so etwas aber nicht, und es wird ihnen dadurch auch keinerlei Lebensnormalität bereitet.

Der Gedanke an Eliten und ihre Förderung hat die menschliche Gesellschaft immer schon bewegt; trotzdem sind die größten Geister und außergewöhnlichsten Menschen meist abseits der vorgesehenen Wege und Trassen aufgewachsen. Kommt hinzu, daß nur selten der Fall eintritt, daß jemand die in ihn als Kind gesetzten Hoffnungen als Erwachsener auch erfüllt. Signifikant häufiger ist, daß sich völlig unerwartbar ein Talent gewissermaßen aus sich selbst heraus entfaltet, jedoch in der Regel unter großen Schwierigkeiten.

Insgesamt geht von den außergewöhnlichen Menschen eine enorme Faszination aus. Es wird auf den folgenden Seiten darum zu tun sein, ihren schillernden Persönlichkeiten und verschlungenen Lebenswegen endlich Gerechtigkeit widerfahren zu lassen – nicht historisch-biographisch, sondern typologisch auf die Gegenwart bezogen, indem die Lebenswege dieser besonderen Menschen sich stets mehr oder weniger ähneln. Die ihnen innewohnende geistige, kreative Kraft macht sie verwandt, und sie erkennen einander unfehlbar, wenn sie aufeinander treffen. Darauf sind sie auch angewiesen, denn in unserer Zeit der Quoten und Quoren, der Normen und wertübersteigerten Normalität fallen sie durch alle Raster und laufen Gefahr, noch mehr, als das in ihnen ohnedies angelegt ist, unerkannt-einsam die besonderen Lebensentwürfe einer gewöhnlichen Welt weit unter Wert zu verkaufen. Dabei sind sie wie niemand sonst begabt, unserer dringend erneuerungsbedürftigen Welt neue Ziele zu weisen und Wege dahin zu öffnen. So wertvoll es ist, daß unsere Gesellschaften das Prinzip der Gleichberechtigung fast vollständig durchdekliniert haben – am Ende kann es fatale Folgen haben, wenn wir die besonderen Anlagen und Fähigkeiten der in erstaunlicher Vielzahl unter uns lebenden außergewöhnlichen Menschen weiter unter das Diktat der Gleichheit stellen. Denn alle Menschen sind zwar gleich viel wert, aber darum noch lange nicht gleich veranlagt.

Bonn, im April 2005

Alexander Hans Gusovius

Der Typus des außergewöhnlichen Menschen

Landläufig verbindet man mit dem Begriff des außergewöhnlichen Menschen außergewöhnliche Taten, die zu vollbringen ein normaler Mensch nicht imstande wäre – insbesondere solche Taten, die in irgendeiner Weise herausragende Bedeutung erlangt haben für die Welt, in der wir leben. Fragt man nach Beispielen, wird man für die Vergangenheit meist Namen von großen Dichtern, Malern, Königen, Feldherrn oder Erfindern genannt bekommen. Für die Gegenwart gelten anscheinend eher die Leistungen von Sportlern, Unterhaltungskünstlern, Politikern oder großen Wohltätern als außergewöhnlich.

Das Beispiel der Sportler und Unterhaltungskünstler zeigt, daß außergewöhnliche Taten nicht durchweg als gesellschaftlich wertvoll verstanden, sondern eher wertfrei unter dem Blickwinkel des gesellschaftlich einfach Herausragenden betrachtet werden. Immerhin ist allen Nennungen gemeinsam, daß im ersten Schritt nur solche Menschen für außergewöhnlich gelten, die zum Gemeingut einer Kultur gehören.

Erst bei genauerem Nachfragen kommt es dazu, daß auch Leistungen oder Eigenschaften von Menschen gewürdigt werden, die nicht prominent sind oder waren. Es kann dann geschehen, daß mit einem Mal auch der eigene Großvater, die Mutter, ein Nachbar oder sonstwer aus dem persönlichen Erleben Außergewöhnlichkeit attestiert bekommt. Aber nur selten wird jemand benannt werden, der durch besondere Unmenschlichkeit, Niedertracht oder etwa durch überragende kriminelle Energie auffällig geworden ist.

Es ist, so viel steht fest, eine positive Auffälligkeit, die alle diese Nennungen verbindet. Um daher als außergewöhnlicher Mensch zu gelten (und grundsätzlich jeder Mensch jeden Charakters und jeder gesellschaftlichen Schicht scheint dazu befähigt), muß jemand seinen Mitmenschen oder der Nachwelt ins Auge fallen, muß er sich aus der Masse der gewöhnlichen oder unspektakulären Schicksale herausheben und mit besonderen Taten für sich einnehmen.

Interessant ist in diesem Zusammenhang das Wort *außergewöhnlich* selbst. Es sagt, wenn man es in seine Einzelteile zerlegt, daß jemand (oder etwas) sich außerhalb befindet, und zwar außerhalb des Gewöhnlichen, was so viel heißt wie: außerhalb des Wohnens, des üblichen Bereichs, in dem jemand üblicherweise anzutreffen ist. Jedenfalls spricht heute das Wort *außergewöhnlich* in dieser Weise zu uns, wenn wir es auf seine Bestandteile hin untersuchen. Und das ist eine Bedeutung, die uns in Anbetracht des bisher Ausgeführten sofort einleuchtet. Denn wer Taten vollbringt, die anders sind als gewöhnliche Taten, der ist wohl auch anders. Und wer anders ist, gehört nicht dazu, hat seine Wurzeln anderswo, wohnt also auch – abstrakt gesprochen – an einem anderen Ort.

In Wahrheit aber sagt das Wort *außergewöhnlich*, wenn man nämlich seine geschichtliche Herkunft verfolgt, noch etwas ganz anderes, sogar überraschend anderes; doch dazu später, bei passender Gelegenheit, mehr.

Im Lateinischen dagegen bedeutet das Wort *egregius*, das übersetzt ebenfalls *außergewöhnlich* meint, außerhalb der Herde sein, oder auch: die Herde überragen. Wie man leicht sieht, handelt es sich bei der mehrere tausend Jahre alten Sprachschöpfung um ein anderes Bild als im Deutschen. Und das englische *extraordinary* wie das französische *extraordinaire* legen das Bedeutungsschwergewicht weniger auf den Ort des Geschehens als auf den Austritt aus Reih und Glied und bezeichnen als lateinische Lehnwörter den Zustand des Außerhalb-der-Ordnung-Seins.

Es zeigt sich hier, daß es sich bei dem Tatbestand des Außergewöhnlichen, anders als das Wort selbst nahelegt, um etwas durchaus Gewöhnliches zu handeln scheint. Offenbar kennt jede lebende Sprache dieser Welt ein spezifisches Wort dafür. Und anscheinend hat es auch in den Menschen aller vergangenen Zeiten stets ein genaues Bewußtsein dafür gegeben, daß unsere beobachtbare Welt sich in normale Vorgänge und in Vorgänge, die außerhalb der Normalität stehen, unterteilen läßt. Am sehr gewöhnlichen Tatbestand der Außergewöhnlichkeit kann darum eigentlich kein Zweifel bestehen.

Andererseits, könnte man einwenden, muß es sich bei der Unterteilung in Gewöhnliches und Außergewöhnliches nicht unbedingt um einen wirklich grundlegenden Tatbestand handeln. Sondern alles könnte auch rein eine Frage des Blickwinkels und der Statistik sein, etwa im Sinne der Gauß'schen Verteilungskurve. Außergewöhnlich wäre demnach nur das, was von normierten Vorgängen so weit abweicht, daß es auffällig ist – aber eben nicht weit genug, daß man es einer eigenen Kategorie von Vorgängen zuweisen müßte.

Dagegen spricht einiges, zum Beispiel die Redeweise von *keine Regel ohne Ausnahme*. Sie läßt stark vermuten, daß es sich beim Tatbestand der Außergewöhnlichkeit um mehr als nur um ein plattes logisches Phänomen handelt. Denn sie deutet an, daß Ausnahmen in gewisser Hinsicht konstitutiv für die Regelhaftigkeit der Welt sein könnten. Außergewöhnlichkeit wäre dann keine Frage kategorieller Zugehörigkeit oder Nichtzugehörigkeit, sondern eine Frage der inneren Beschaffenheit. Wie ist das zu verstehen? Etwa so:

Wenn tatsächlich keine Regel ohne Ausnahme denkbar ist, muß das noch nicht zwingend heißen, daß Außergewöhnliches darum nur als Ableitung von Gewöhnlichem zu verstehen wäre oder umgekehrt. Sondern es könnte auch heißen, daß das Irreguläre und Außergewöhnliche noch ein bißchen mehr wäre, und zwar so etwas wie der Grund für das Regelhafte und Gewöhnliche. Und das könnte wiederum bedeuten, daß regelhafte Vorgänge sich sozusagen an irregulären Vorgängen inhaltlich orientierten, daß das Gewöhnliche so etwas wie die geordnete Folge wäre von etwas ganz Eigenem – etwas also, das für sich selbst besteht und sich der Einordnung nicht aus kategoriellen Gründen widersetzt, sondern sich ihr schlicht entzieht. Und das deshalb, weil das, was das Außergewöhnliche ausmacht, der originäre Anlaß für das Gewöhnliche wäre, überhaupt in der Welt zu sein.

Diese Spekulation (denn von einer Feststellung zu reden wäre mehr als verfrüht, und sie wird auch nicht auf dem alleinigen Wege der Ausdeutung von Redeweisen zu treffen sein) wird aber durch die folgenden Beobachtungen zum Typus des außergewöhnlichen Menschen eine gewisse Bestätigung erfahren.

Wie, muß man darum einleitend fragen, ist so ein außergewöhnlicher Mensch eigentlich wirklich? Was verbindet denn, menschlich gesprochen, alle unsere Beispiele miteinander: die Dichter und Großväter, Könige und Erfinder, Nachbarn oder Maler? Denn etwas wird ihnen doch wohl gemeinsam sein, das sie ihre außergewöhnlichen Taten vollbringen läßt? Irgendeine steuernde Kraft, irgendeine zugrundeliegende Charakterlichkeit, etwas also, das eine menschliche Eigenschaft ist...

In Europa werden jedes Jahr Millionen Kinder geboren, weltweit sind es hunderte Millionen, und nicht wenige von ihnen tragen die Fähigkeit in sich, irgendwann als außergewöhnlich in Erscheinung zu treten. Aber wie kommt es dazu? Werden sie einst, wie viele glauben, durch die Umstände, in denen sie aufwachsen, außergewöhnlich geworden sein? Oder waren sie es von Anfang an? Und was hieße von Anfang an? Hieße das: von Geburt an, oder aber vom Moment der Zeugung an – oder noch weiter zurück?

Letztere Überlegung, die immer wieder gern angestellt wird, weist in den Bereich des Religiösen, den wir aber nur angelegentlich und an ganz anderer Stelle behandeln können. Außerdem ist das Religiöse in Gestalt von Glaubensartikeln unerheblich für unsere Zwecke. Denn es geht uns darum, den außergewöhnlichen Menschen, wenn er einmal da ist, in seinem Hier und Jetzt zu erfassen: auch in religiöser Hinsicht.

Es liegt natürlich auf der Hand, daß jeder außergewöhnliche Mensch so etwas wie eine Mischform aus Anlagen und Umständen ist, wie letztlich alles auf unserer Welt. Auch das jeweilige Schicksal eines solchen Menschen wird von den beiden Parametern abhängen oder durch sie darstellbar sein.

Wenn Umstände und Anlagen gut harmonieren, was gewiß selten der Fall ist, mag ein großes Genie seinen erfolgreichen Gang durch die Welt antreten. Überwiegen die Umstände und erdrücken die Anlagen, könnte man es mit dem weit weniger seltenen Phänomen eines Wunderkindes zu tun haben, das als Erwachsener häufig genug gewöhnlich wird und wieder verstummt (und sich eben nur anfänglich mittels seiner Anlagen gegen die Umstände zur Wehr setzen konnte). Sind dagegen die Anlagen stärker als die Umstände, entwickelt sich häufig so etwas wie ein verrücktes Genie, das sich, kaum erwachsen, mit der Kraft seiner Talente raketengleich über die Umstände erhebt, um bald schon von der Gravitation des Faktischen auf den Boden zurückgeholt zu werden – was in jeder denkbaren Weise übel enden kann.

Diese drei Mischformen sind (neben zahllosen weiteren Varianten) in der Tat idealtypisch für alle außergewöhnlichen Menschen. Dabei ist für den erfolgreichen Lebensweg von entscheidender Bedeutung, wie stark ihr Sinn für die Realität ausgeprägt ist, ob er zwischen den Kräften von Anlage und Umständen vermitteln kann.

Die Frage der Umstände und welche Rolle sie im Leben außergewöhnlicher Menschen spielen, wird uns im Verlauf unserer Untersuchung noch hinreichend beschäftigen. Befassen wir uns deshalb an dieser Stelle zunächst mit den Anlagen. Denn in ihnen steckt letztlich das Gemeinsame, nach dem wir suchen.

Außergewöhnliche Menschen verfügen über außergewöhnliche Fähigkeiten, haben wir festgestellt. Und wie unterscheiden sie sich von gewöhnlichen Fähigkeiten? In der Richtung, die sie nehmen, und in einer gänzlich anderen Qualität.

Gewöhnliche Fähigkeiten haben die Eigenschaft, ihre Träger lediglich in den Stand zu versetzen, an den Vorgängen der Welt teilzuhaben. Gewöhnliche Fähigkeiten passen sehr gut in die

Gegebenheiten unserer Welt, und den Trägern selbst bleibt in der Regel nichts anderes übrig, als sich an die Gegebenheiten fügsam anzupassen. Die Kraft, die sie dabei entfalten, ist die Kraft des Bewahrenden, der Unterstützung, der Ruhe, des Nichtverantwortens, der Langsamkeit. Den Entwicklungslinien der Welt folgen sie sehr behutsam und haben nur insofern an ihnen teil, als sie dem sanften Druck nach Veränderung, der unserer Welt innewohnt, noch sanfter entsprechen.

Gewöhnliche Menschen hinterfragen höchst ungern die Welt, in der sie leben, und sich selbst natürlich noch viel weniger. Die Kraft, die dazu notwendig wäre, jagt ihnen Angst ein, und so meiden sie alles, was mehr Fragen aufwirft als an Antworten schon bereitsteht. Sie nennen das gern Respekt oder Demut und formen eine Moral daraus, die Gefahr läuft, nichts als eine Moral des Stillstands zu sein.

Außergewöhnliche Menschen dagegen tun sich mit der Welt, wie sie ist, meist außerordentlich schwer. Ihre Anlagen suggerieren ihnen ständig, daß die Entwicklung der Welt, in der sie nur notgedrungen und stark eingeengt zu leben meinen, viel zu langsam verläuft. Nichts geht ihnen schnell genug. Vielmehr scheint es ihnen, daß man zur Erlangung glücklicherer Lebensumstände etliches in der Welt rasch verändern müßte. Ihre Anlagen liefern ihnen dafür auch unentwegt Anschauungsmaterial.

Was immer neu ist, reizt sie, eine ungeheure Unruhe treibt sie voran. Es ist die Lust an Veränderung, die sie bald auch dahinbringt, aus freien Stücken und ohne großes Zaudern Verantwortung zu übernehmen. Außergewöhnliche Menschen leiden sozusagen förmlich unter Visionen, die sich ihnen fortwährend aufdrängen, ohne Zahl, lebenslang. Gelingt es ihnen tatsächlich, ihre Visionen in neue Tatsachen umzumünzen, werden sie gern gefeiert.

Die Kehrseite solchen unruhigen Strebens ist, daß außergewöhnliche Menschen sich nur sehr schwer, imgrunde gar nicht, einpassen können. Denn wo man sich anpaßt, versickert die visionäre Anlage. Nutzlos ist also der Tag, an dem man das Bestehende nur bewahrt und nichts verändert, sinnlos alle Arbeit, wenn sie nicht täglich wenigstens einen neuen Aspekt hervorbringt und neues Licht auf die Gegebenheiten wirft – damit man sich anderntags gleich wieder emsig auf die Verbesserung des Bestehenden stürzen kann. Und ist ein Werk einmal vollbracht, dauert es nur ganz kurze Zeit, bis ein neues lohnendes Objekt des Schaffens und Hervorbringens ausfindig gemacht ist. Auch die Beschäftigung mit zwei oder mehreren Werkstükken gleichzeitig ist normal.

Allen außergewöhnlichen Menschen gemeinsam ist ein beständiger Hang, alles und jeden zu hinterfragen. Es liegt am Geschick des Einzelnen, ob er seiner Umwelt damit mehr oder weniger auf die Nerven fällt. Belastend für die gewöhnliche Welt ist dieses unablässige Hinterfragen aber in jedem Fall und wird gern mit Respektlosigkeit und Arroganz verwechselt. In Wirklichkeit ist es jedoch nur die Folge und der Ausdruck von viel höherem Respekt, als gewöhnlichen Menschen einsichtig erscheint. Die Hinterfragung soll ja nichts anderem als der Verbesserung dienen, sie ist kein grundsätzliches Negieren, sondern ein affirmatives Aufbauen und Weiterentwickeln.

Der Hintergrund allen Hinterfragens ist ein Bewußtwerden von Hinterfragbarkeit. Wie kommt es aber, daß Hinterfragbarkeit, die ja eigentlich von der Sachlage her gegeben sein müßte, manchen Menschen näher steht als anderen? Zweifelsohne gehört zum logischen oder tatsächlichen Sachverhalt, der eine Hinterfragung erst ermöglicht, auch ein dem Sachverhalt angepaßtes oder ein entsprechendes Bewußtsein, das auf den Sachverhalten sozusagen operieren kann.

Und solches Bewußtsein, das man übergreifend und sehr vorläufig in der Vorstellung grundaktiver, grundoffener Geisteshaltung fassen kann, ist einer der Schlüsselbegriffe zur Beschreibung außergewöhnlicher Menschen. Die Ruhelosigkeit ihres Geistes ist nur die Folge dieses Bewußtseins – das in ausnahmslos allen Fällen nicht nur ein Bewußtsein der realen

Welt ist, sondern zwingend auch in einem ruhelosen Bewußtsein ihrer selbst gipfelt. Dazu später mehr.

Selbstverständlich sind außergewöhnliche Menschen nicht alle
gleich. Ihre Unterschiede machen sich an den Tätigkeiten fest,
die sie aufnehmen, an ihren Berufen und spezifischen Talen-
ten. Und doch ähneln sie alle sich frappant, genau wie oben
skizziert, und können sich darum untereinander jederzeit gut
verständigen. Nur die Verständigung mit den gewöhnlichen
Menschen fällt ihnen schwer, weil die einfach nicht verstehen
können, was ihr Antrieb ist und warum die lästige Unruhe
und der ständige Drang, alles besser machen zu wollen, nicht
zwanghaft im Sinne einer Neurose sind, sondern zwanghaft
im Sinne dessen, was man erkennt.

Grob skizziert gibt es folgende unterschiedliche Typen von außergewöhnlichen Menschen:

1) den Künstler

    a) als Schöpfer (Dichter, Komponist, Maler,
       Bildhauer...)

    b) als Virtuosen (Schauspieler, Musiker, Re-
       gisseur...)

2) den Wissenschaftler

    a) als Theoretiker (Mathematiker, Linguist,
       Physiker...)

    b) als Praktiker (Ingenieur, Pädagoge, Geolo-
       ge...)

3) den Tätigen

    a) als Begründer (Unternehmer, Erfinder, Po-
       litiker...)

    b) als Ausführenden (Handwerker, Bauer,
       Dienstleister...)

4) den Helfer

    a) als Forschenden (Theologe, Immunologe, Philosoph...)

    b) als Gebenden (Missionar, Arzt, Entwicklungshelfer...)

Nöte der Kindheit

Leider vermag nicht jeder außergewöhnliche Mensch das Werk, an dem er arbeitet, der gewöhnlichen Welt sinnfällig zu machen oder es überhaupt im Rahmen des eigenen Lebens zu beenden. Die Nachwelt muß dem Werk dann erst gerecht werden, es erweitern oder sich nutzbar machen. Und so kommt es, daß manche großen Leistungen lange unerkannt bleiben, ihre Schöpfer zu Lebzeiten verachtet und ausgestoßen werden und ein ziemlich einsames Leben leben.

Andererseits ist Einsamkeit ein geradezu bestimmendes Merkmal des außergewöhnlichen Menschen, das vor Kindern nicht haltmacht. Einsamkeit, wie der erwachsene Mensch sie kennt, scheint zunächst ein unpassender Begriff zu sein im Zusammenhang mit den gewöhnlich so froh und unbeschwert spielenden Kindern. Es soll hier auch nicht die Rede sein von im Wortsinn vereinsamten Kindern, deren frühe Genialität sie zwingt, abgesondert von der fröhlich lärmenden Schar ihrer Altersgenossen in Studierstuben über Bücher gebeugt zu sitzen und lupenähnliche Brillen zu tragen. So etwas ist ein Klischee.

Im übrigen sind ausnahmslos alle Kinder, entgegen dem Augenschein, ein wenig einsam. Das bunte Bild ihres sorglosen Spiels trügt außerordentlich, denn in Wahrheit ist Spielen für Kinder höchster Ernst: Kinder stellen im Spiel sehr konzentriert die Handlungen und Verhaltensweisen von Erwachsenen nach.

Es ist das Ungeschickte, Ungelenke, Unbewußte und noch nicht Geübte, das dem Spiel den Charakter des Unverbindlichen und Unverfänglichen verleiht. Erst der Blick auf manches im Spiel ziemlich verbissen dreinschauende Kindergesicht belehrt darüber, wie ernst den Kindern das Versteckspiel, das Sandburgenbauen und das Holzklötzchenstapeln eigentlich werden kann. Einsamkeit ist in diesen Momenten für Kinder eine sehr reale Erfahrung.

Lob und Tadel sind für sie dabei Orientierungshilfen, die ihrer Seele nur wenig Entlastung bringen: in ihrem kindlichen Innern spielt sich täglich ein mittleres Drama ab. Kinder sind gezwungen, stets von neuem sehr ernst (und einsam) Pläne und Strategien zu entwerfen, damit sie der Welt, in die sie unversehens hineingeraten sind, entsprechen lernen. Wie schwer das ist, kann man ermessen, indem man den gewaltigen Vorsprung ermißt, den die erwachsene Welt immer schon hat. Aus der kindlichen Perspektive scheint der Vorsprung uneinholbar zu sein (Kinder wissen eben nicht, wie oft sie der Hase im Wettrennen gegen zwei erwachsene Igel sind).

Imgrunde finden Kinder erst als junge Erwachsene, wenn sie endlich über ausreichend sprachliche Mittel verfügen, eine Ruhepause im einsamen Kampf um den vollgültigen Eintritt in die Welt. Von älteren Menschen hört man darum häufig, daß diese Zeit die schönste ihres Lebens gewesen sei – jene Zeit, als man entdeckte, daß es Gleichgesinnte gab, mit denen man halbe Nächte herumbrachte, über Gott und die Welt lachte und sich, wie befreit von den Sorgen der Kindheit und noch unbeschwert von kommenden Sorgen, einmal im Leben gesellig und unbelastet austauschen konnte.

Kinder jedoch, die schon außergewöhnliche Menschen sind oder dabei sind, es zu werden, erleben die kindliche Einsamkeit um ein Vielfaches stärker – wenn auch nicht als belastender. Denn vor aller kindlichen Last am Leben steht auch bei außergewöhnlich begabten Kindern ihre überbordende Lebensenergie, die sie die Nöte und Schwierigkeiten von einer Minute auf die andere vergessen läßt. Und doch verläuft die Kindheit außergewöhnlicher Menschen ungleich härter.

Was ihre an und für sich natürliche Einsamkeit so eminent verschärft, ist ein Unverstandensein, das kategorisch im Gegensatz steht zur Einsamkeit gewöhnlicher Kinder – denen reichlich das Gefühl zuteil wird, daß all ihr Trachten und Üben zwar noch nicht ausreichend sei, im Prinzip aber in die richtige Richtung gehe. So belastend das schon sein mag, so viel natürlichen Ausgleich erfährt es jedoch auch. Um wieviel schwieriger wird aber das kindliche Leben, wenn die kindlichen Antriebe bereits im Ansatz nicht verstanden werden...

Es fehlt dann ein Gutteil hochnotwendiger Geborgenheit. Und so besteht das Kernproblem der Kindheit von außergewöhnlichen Menschen darin, daß die später sich erst voll entfaltende Andersartigkeit zu groben Mißverständnissen führt und sich in der Folge in frühen Auffälligkeiten äußert. Solche Kinder sind häufig unruhiger und sprunghafter, sie wirken launischer und vor allem unberechenbarer als andere. In den Augen der sie umgebenden gewöhnlichen Welt sind sie irgendwie nur sonderbar, und dafür werden sie nicht selten auch grob sanktioniert. Sie können dann von Glück sagen, wenn irgendeine gütige Großmutter oder ein Großvater rein aus Instinkt oder närrischer Liebe die schützende Hand über sie hält.

Außergewöhnliche Kinder haben nämlich nur selten das Glück, in eine außergewöhnliche Familie hineingeboren zu sein, was das Verstandenwerden erheblich erleichtern würde. Zwar findet man häufig, daß wenigstens ein Elternteil auch schon über eine gewisse Veranlagung zum Besonderen verfügt, aber das Besondere ist in der Regel nicht ausgeprägt oder im Alltag verkümmert, weil unbeachtet geblieben. Spätestens unter Geschwistern wird ein solches Kind sich noch viel einsamer fühlen.

Es ist auch eher selten der Fall, daß in einer Familie mehrere besonders veranlagte Kinder auftauchen, und die gewöhnlichen Geschwister werden meist deutlich vorgezogen. Sie sind eben unproblematischer und machen es der einfachen Elternliebe weniger schwer, Wege für Zuneigung und Anerkennung zu finden, die in unserer Welt leider eng ineinander verzahnt sind.

Natürlich wird auch außergewöhnlichen Kindern ein gewisses Maß gewöhnlicher Anerkennung zuteil. Nur erstreckt die sich eben auf Felder und Gegebenheiten, die ihnen nicht besonders wichtig sind. Und das hat Gründe.

Zum einen fällt ihnen das, was für normale Kinder im Mittelpunkt der Weltaneignung steht, häufig recht leicht. Lob in dieser Richtung erscheint ihnen darum eher als überflüssig, was sie gern auch noch zeigen, allein um die Anerkennung in richtige Bahnen zu lenken, hin zu dem, was ihren besonderen Anlagen entspricht und ihnen darum viel lobenswerter erscheint. Das kindliche Leben wird davon nicht unbedingt leichter, Erwachsene lassen sich nicht gern dreinreden.

Zum anderen wird das, wofür diese Kinder eben gelobt werden wollen, häufig nicht wahrgenommen. Zugegebenermaßen ist es für Normalsterbliche auch nicht ganz einfach zu begreifen, was sich hinter dem kindhaften Treiben sonst noch verbergen könnte, zumal die Verhaltensauffälligkeit besonders veranlagter Kinder für sie in die Gegenrichtung zu zeigen scheint. Da ihnen der eigene Sinn mehr nach deftiger Hausmannskost steht, bleibt ihnen der Sinn eines Kindes für ausgesuchte, feinere Speisen mindestens suspekt: und meistens verborgen.

Endgültig schwierig wird es, wenn die besonderen Talente, die diese Kinder unterwegs sind auszuprägen, ihr einfaches Tun überlagern, wenn also Interferenzen entstehen. Wesentlicher Grund für solche Interferenzen ist stets ihr frühes, aber noch amorphes und unentwickeltes Bewußtsein, das sich gewissermaßen verstolpert, oder, in einem anderen Bild zu sprechen: sich wie ein Jungfohlen auf der Weide austobt und nach allen Himmelsrichtungen ausschlägt.

Das frühkindliche Bewußtsein ist eines der am schwierigsten zu erfassenden kindlichen Phänomene. Im Falle außergewöhnlicher Kinder erscheint dieses Bewußtsein noch vermehrt um ein Bewußtsein ihrer selbst, das sie mitunter seltsame Dinge tun läßt, und ist dann noch schwieriger zu erfassen.

Solche Kinder neigen dazu, auch die einfachsten Tätigkeiten gewissermaßen aufzuladen mit Überlegungen und Strategien, die weit übers Ziel hinausschießen. Soll nur die Straße gekehrt oder der Gartenzaun angestrichen werden, kann es ohne weiteres geschehen, daß der später im Erwachsenenleben vorherrschende Drang nach Verbesserung alles Bestehenden sich schon bemerkbar macht, meist nicht zum Vorteil der gestellten Aufgabe, denn die Kinder sind noch nicht in der Lage zu beurteilen, ob ihre Versuche der Aufgabe auch angemessen sind.

Beim Straßefegen wird solch ein Kind nicht sehr lang mit den Anweisungen leben können, die man ihm dazu gegeben hat. Es wird die gleichmäßigen, sturen Bewegungen mit dem Besen bald langweilig finden und ausprobieren, ob es nicht auch anders geht, etwa indem man mit dem Besen die Straße hinunterrennt und die parallelen Kurzschwünge, mit der alle Welt kehrt, in langgezogene Bahnen abwandelt. Oder es wird eine einfache Lösung finden fürs zeitaufwendige Aufkehren und Wegkarren des zusammengefegten Unrats: indem es etwa den Staub, die Blätter und Papierschnipsel in die Kanalisation kehrt. Wenn es dabei beobachtet wird oder stolz zuhause davon berichtet, wird es in den seltensten Fällen dafür gelobt werden.

Beim Gartenzaunstreichen könnte ein solches Kind auf die Idee kommen, das langwierige Farbauftragen und Hin und Her des Pinsels durch das beschleunigende Verfahren des Farbgießens zu ersetzen, indem es die Farbe direkt aus dem Topf oder durch einen Trichter auf die Latten laufen läßt und nur noch verwischt. Denkbar ist auch, daß es (Mark Twains Tom Sawyer hat es vorgemacht) ein anderes Kind auch noch dafür bezahlen läßt, damit es statt seiner den Zaun streicht (nachdem es wie Tom das Zäunestreichen als das Wunderbarste, Spannendste und Begehrenswerteste der Welt angepriesen hat). Auch in diesen beiden Fällen wird die kindliche Umgebung nicht eben in Begeisterung verfallen, sondern deutlich machen, daß Abweichungen vom Trampelpfad nicht geduldet werden.

Aber auch in den geschilderten Fällen ist es noch denkbar, daß einigermaßen verständige Eltern, von der allfälligen Psychologie dazu ermuntert, begreifen lernen, daß ihr Kind sich nicht einfach der gestellten Aufgabe entziehen will, sondern sich die körperliche Tätigkeit mittels seines Geistes zu erleichtern sucht. Und da aus dem Kind schließlich einmal etwas werden soll, kann es sogar sein, daß die Eltern sich im Stillen darüber freuen, über welche Begabungen ihr Kind verfügt.

Wenn allerdings ein Kind sich beim langweiligen Tun innerlich verliert, wenn aus dem monotonen Bewegen des Besens kein sichtbarer Plan folgt, sondern das Kind aus der Beobachtung der Monotonie auf ganz andere Monotonien gedanklich überwechselt und darüber nachdenkt, wie diesen wohl beizukommen wäre – wenn also der Besen nicht schneller und für die Eltern keinerlei Kreativität sichtbar entfaltet wird, sondern der Besen sich immer langsamer übers Pflaster bewegt, bis er zum Stillstand kommt und das Kind ihn gedankenverloren beiseite legt und etwa einem Vögelchen hinterhergeht, das von Baum zu Baum flattert, und wenn zudem solche Vorfälle sich häufen: dann spätestens ist es meist auch mit dem Verständnis verständnisvoller Eltern vorbei.

Daß sich hinter dem ganz und gar unverständlichen Verhalten ihres Kindes möglicherweise ein hochaktives Bewußtsein verbirgt, sehen sie nicht. Was sie sehen, ist Unzuverlässigkeit, Trägheit und mangelnde Konzentration. Das Gegenteil ist jedoch der Fall.

Interferenzen dieser und weit komplizierterer Art entstehen überall, natürlich auch in der Schule. Da kann es geschehen, daß ein mathematisch hochbegabtes Kind an Aufgaben scheitert, die es eigentlich spielend lösen könnte. Denn der schulische Zwang zur Anpassung wird für einige außergewöhnlich begabte, anpassungsunfähige Kinder regelrecht zum Verhängnis. Dabei ist der Anpassungsdruck keineswegs nur eine Folge der normierten Erwartungen ihrer Lehrer. Sondern der Anpassungsdruck wird wesentlich von den anderen Kindern miterzeugt, was nicht verwundert. Schließlich ist die gesamte innere Existenz der allermeisten Kinder darauf gerichtet, mittels Anpassung an die Welt sich die Welt zu erwerben. Und da sie nichts anderes kennen und erleben, drücken sie Kinder, die anderen Strategien folgen, gern zur Seite.

Ein mathematisch oder auch anderweitig hochbegabtes Kind kann in einem solchen Seelenbiotop regelrecht verkümmern: wenn es seine Fähigkeiten nicht sogar verleugnet, leider auch vor sich selbst. Oder es sucht sich für seine Fähigkeiten andere als die schulischen Wege und verblüfft dann zwar von Zeit zu Zeit mit höchst ungewöhnlichen Einsichten und Fertigkeiten, vermag aber den einfachsten schulischen Anforderungen nicht standzuhalten.

Kinder mit außergewöhnlichen Fähigkeiten, deren inneres Streben im Vorgriff aufs Erwachsenenleben immer auch auf Veränderung gerichtet ist, werden durchaus hunderte, tausende Male versuchen, sich in ihrem Sinn verständlich zu machen. Sie wollen, wie alle Menschen, so angenommen werden, wie sie sind. Irgendwann aber ist auch die Hinnahmefähigkeit dieser Kinder erschöpft, wenn das ersehnte Verständnis nicht eintritt.

Was dann geschieht, ist Einkapselung und Absonderung aus eigenem Antrieb. Solche Kinder können sehr leicht dahin kommen, daß sie vollbewußt Seitenwege gehen und das einzige Verständnis, das sie erfahren, nämlich Kopfschütteln, noch verstärken: wenn sie merken, daß es sich mit der Aura des Sonderlings ganz gut leben läßt. Haben sie das Fehlurteil über sich erst einmal hingenommen, eröffnen sich ungeahnte Freiheiten.

Nur dadurch ist es auch möglich, daß ihre außergewöhnlichen Fähigkeiten sich ungestört weiterentwickeln. Es scheint so, daß dies, die Entwicklung ihres Potentials, ihnen das Wichtigste ist, daß sie alles andere dem unterordnen, in früher, sehr kindlicher, halbbewußter Art.

Die treibende Kraft dabei ist dieses ihr Halbbewußtsein, das sie von gewöhnlichen Kindern so sehr unterscheidet. Es ist ein Frühstadium von Bewußtsein und gewissermaßen eine Art höheren Instinktes, wenn man es mit dem entwickelten Instinkt der anderen Kinder für die Dinge der Welt vergleicht. Dieses Halbbewußtsein leitet sie an, ihrer inneren Stimme zu folgen und Situationen aufzusuchen, in denen ihre Fähigkeiten sich ungestört weiterentwickeln können.

Jeder außergewöhnliche Mensch kann sich an solche Situationen seiner Kindheit erinnern, in denen er die Dinge der Welt gering zu schätzen lernte, weil ganz andere, ihn magisch anziehende und seltsam erregende, eher abstrakte und geistige Orte ihn viel stärker berührten.

Und darum kann man beobachten, daß die außergewöhnlichen Menschen in ihrer Kindheit immer Sonderwege gegangen sind. In irgendeiner Form haben sie alle sich eingekapselt und abgesondert und in ihrer Kindheit und Jugend Dinge getan, die andere nicht getan haben. Sei es, daß sie, was fast auf alle besonderen Kinder zutrifft, gern einsame Orte aufsuchten, sei es, daß sie sich neben der Schule eigene Lehrer erwählten, etwa in Gestalt eines seltsamen Kauzes, der viel zu erzählen hatte, allgemein aber nur abschätzig behandelt wurde, sei es, daß sie ihren Begabungen, zum Beispiel musikalischen, alles unterordneten und ein doppeltes Lernprogramm ohne jede Klage auf sich nahmen, sei es, daß sie unentwegt und ohne Ende Bücher lasen oder im Selbststudium dem Schulstoff weit vorgriffen, sei es, daß sie lieber mit Tieren als mit Menschen ihre Zeit verbrachten – oder sei es einfach so, daß sie immer mehr schwiegen und ihr eigenes Urteilsvermögen, den verborgenen Fähigkeiten angemessen, dadurch enorm steigerten.

Verblüffend ist in jedem Fall, in welchem Maß solche Kinder ihre Ausbildung zur Außergewöhnlichkeit selbst betreiben. Es scheint geradezu, daß sie der erwachsenen Zuwendung – so schmerzhaft es für sie ist, wenn sie ausbleibt – kaum oder gar nicht bedürfen, sondern daß die Härten, denen sie aufgrund ihrer Begabung ausgesetzt sind, der Begabung eher noch aufhelfen. Genau aus diesem Grund ist auch der Gedanke der Hochbegabtenförderung nicht durchweg schlüssig. Und die im ersten Kapitel angekündigte geschichtliche Betrachtung des Wortes *außergewöhnlich* akzentuiert das noch:

Die germanischen Wurzeln des Wortes *gewöhnlich* weisen ihm nämlich das ursprüngliche Bedeutungsfeld von *auffüttern* oder *ernähren* zu. *Außergewöhnlich* hieße demnach, sich außerhalb oder jenseits des Gefüttertwerdens und Ernährtwerdens zu befinden. Außergewöhnliche Menschen wären also solche, die sich selbst auffüttern und ernähren, und daran ist, geistig gesprochen, viel Wahres.

Die Doppelexistenz

Außergewöhnliche Menschen führen als Erwachsene, was im Anschluß an das letzte Kapitel auch nicht Wunder nimmt, sehr häufig eine regelrechte Doppelexistenz. Das kindliche, frühe Einüben von Sonderwegen, das Einkapseln in sich selbst wie das ständig weiter zunehmende Vertrauen aufs eigene Urteil lassen im erwachsenen Alter nicht nach, im Gegenteil: die erlernten Strategien blühen dann erst richtig auf.

Und damit unterscheiden sie sich kategorisch von den vielen vergleichsweise eindimensional lebenden Menschen, deren Kindheit es niemals erforderlich machte, Sonderwege einzuschlagen. Wer im Leben früh Bestätigung erfuhr, wird seine Umgebung und das eigene Leben selten ernsthaft hinterfragen. Es besteht dazu einfach keine Notwendigkeit.

Sondern die kindliche Angepaßtheit mündet mehr oder weniger problemlos in eine erwachsene Angepaßtheit, so daß die Berufswahl, die Partnersuche und vieles andere mehr keine echten Schwierigkeiten bereiten. Die üblichen kleinen und großen Krisen wie Liebesleid oder Karriereknick, Krankheit oder Ehequal sind nur das Ferment im Gleichlauf der sonstigen Gewöhnlichkeit. Sie geben keinen wirklichen Anhaltspunkt für außergewöhnliche geistige Beweglichkeit.

So kommt es nur selten vor, daß einer dieser früh angepaßten Menschen seine Krisen nutzt, um aus der Geradlinigkeit der Biographie noch einmal auszuscheren. Geschieht es dennoch, erweist sich in der Regel schnell, daß die eingetretenen Veränderungen eher scheinbarer Natur sind. Denn die neuen Lebensbilder sind bei genauem Hinsehen durchsetzt von bekannten, allzu bekannten Verhaltensmustern.

Beispielsweise findet man einigermaßen häufig, daß Menschen nach schweren Einschnitten in ihr gewöhnliches Leben, zum Beispiel durch Todesfälle in der Familie, eine Art religiöser Erweckung erfahren und ihr Leben von einem Tag auf den andern radikal umstellen. Von außen gesehen, scheint ein förmlicher Ruck durch sie gegangen zu sein. Ihr neues Leben gründet sich dann auf Wahrnehmungen, denen sie vorher keinerlei Beachtung schenkten, und es entwickeln sich in solchen Menschen gern ein soziales Gewissen, tätige Hilfsbereitschaft und eine gewisse Demut gegenüber den Fährnissen des Schicksals. Sie verfallen auch gern zeitgeistigen, quasireligiösen Praktiken wie Meditation, Makrobiotismus und politischem Ideologismus. Und genau da liegt der Schlüssel für den schönen Schein.

Schaut man nämlich genau hin, wird man in den allermeisten Fällen entdecken, daß die neuen Lebensweisen nur aufkopiert sind. Es ist keine authentische eigene Haltung gegenüber sich selbst und der Welt darin; alles ist wieder in Bilder gegossen, die man anderswoher kennt. Die neue Lebensweise profitiert also von vorgedachten, meist dünnblütigen und leicht verdaulichen Gedankensystemen – und wird so behäbig, folgsam und uninspiriert angegangen wie das alte Leben zuvor. Der energetische Haushalt solcher Menschen gibt gewöhnlich auch nicht mehr her.

Ganz anders im Fall außergewöhnlicher Menschen. Ihr Leben ist, wenn man so will, eine permanente Krise, und jeder einzelne gelebte Tag gibt Anlaß zuhauf, neue Strategien zu entwikkeln und alles ganz anders zu sehen und anzugehen als bisher. Sie bedürfen keiner vehementen Einschnitte in ihr Leben, um neu anzusetzen. Allzu harte Schnitte in Form von Schicksalsschlägen werden im Gegenteil als höchst bedrohlich erfahren und können auf der Grundlage ihrer angespannten geistigen Motorik, die auf der Gegenseite ein labiles Gleichgewicht nach sich zieht, sogar den Untergang bedeuten.

Die Berufswahl fällt außergewöhnlichen Menschen darum nur dann leicht, wenn ihre Begabungen immer schon offen zutage traten, was selten genug der Fall ist. Viel häufiger bringt es ihre komplexe und darum verdeckte Begabung mit sich, daß ein berufliches Ziel das andere ablöst, in schneller Folge. Dann aber wechseln nicht nur die Arbeitsplätze rasch, sondern auch die Ausbildungsgänge.

Außergewöhnliche Menschen ergreifen im Lauf ihres Lebens oft viele Berufe und machen sich irgendwann gern selbständig. Sehr unangenehm ist für ihre gewöhnliche Umgebung, daß ihre geistige Beweglichkeit sie mit Leichtigkeit auch in berufs-fremde Fragen und Sachverhalte hineinfinden läßt.

Ihr Liebesleben, auf die als Teil ihrer Gefühlswelt in einem ge-sonderten Kapitel einzugehen sein wird, ist um nichts weniger komplex. An dieser Stelle sei nur soviel gesagt, daß der Über-gang vom kindlichen ins erwachsene Leben sich auch in die-ser Hinsicht alles andere als einfach gestaltet, indem praktisch nie oder nur sehr spät im Leben echte Zufriedenheit mit der gelebten Liebessituation eintritt – von Glück ganz zu schwei-gen. Denn Glück ist für diese Menschen etwas, das sie nur von Moment zu Moment erleben, und dazwischen liegt die schon öfter benannte, sie völlig ausfüllende Unrast, die sie innerlich umtreibt.

Außergewöhnliche Menschen sind im Gegenzug relativ unan-fällig für exaltierte modische Lebensumschwünge in der Folge von Krisen. Sie schaffen sich erstens ihre Krisen ständig selbst und sind zweitens viel zu sehr in der Lage, hinter die Vorhänge der zeitgeistigen Erscheinungen zu schauen. Und das verdirbt schnell den Appetit. Anders als man landläufig meint, zeich-net also auch außergewöhnliche Menschen unterderhand eine große Konstanz aus, die zunächst nichts weiter zu sein scheint als die Konstanz ihres permanent labilen Gleichgewichts.

Es ist aber nicht nur die für sie typische innere und äußere Un-ruhe, die den Übertritt vom kindlichen ins erwachsene Leben so schwer macht. In Wahrheit steckt das Erwachen ihres vol-len Bewußtseins dahinter, das sich im Kindesalter schon als Halbbewußtsein ihrer selbst, als eine Art höheren Instinkts, offenbarte. Je nach Umständen und Anlage, also dem jewei-ligen Mischverhältnis folgend, wird der Eintritt des erwachse-nen Vollbewußtseins noch mehr Probleme verursachen, als es dieses Bewußtsein durch seine schiere Präsenz ohnedies tut.

Betrachten wir zunächst sein Erwachen. Nach der Pubertät, die bei außergewöhnlichen Menschen meist sehr früh oder reichlich spät einsetzt und entweder virulent oder fast nicht bemerkbar verläuft, entwickelt sich im Rahmen des veränderten, neuen Körpers rasch ein neues Bild von sich selbst. Was bis eben noch in der Hülle des Kindes gefangen war, ist auf einmal weltfähig geworden. Die anstehenden Rechte und Pflichten des erwachsenen Menschen, dem man äußerlich schon entspricht, ermöglichen es, die in der Kindheit geheimzuhaltenden, weil meist unverstandenen inneren Kräfte und Begabungen in einem neuen Licht zu sehen.

Geradezu explosionsartig entwickeln sich nun die zuvor noch halbbewußten Kräfte in ein volles Bewußtsein seiner selbst – der außergewöhnliche Mensch ist erst als Erwachsener unter Erwachsenen in der Lage, die Dimension seiner Fähigkeiten und Begabungen einigermaßen richtig einzuschätzen. Aber da ihn als Kind niemand verstand und der Hunger nach Auflösung der kindlichen Drucksituation entsprechend groß ist, strömen die neugewonnenen Einsichten und Erkenntnisse mit der Gewalt gebrochener Staudämme in seine frisch erwachsene, geistige Welt ein.

Außergewöhnliche Menschen neigen darum dazu, in dieser Phase, die man grob zwischen dem 15. und dem 30. Lebensjahr ansiedeln kann, ein geradezu inflationäres Bewußtsein ihrer selbst zu entwickeln. Nichts scheint ihnen jetzt mehr unmöglich, solang es jedenfalls um sie selbst geht oder sie an etwas beteiligt sind. Zum ersten Mal begreifen sie (und übertreiben die Entdeckung gern ein wenig), daß ihre Fähigkeiten und geistigen Potentiale schier unbegrenzt sind, daß die Zurücksetzung oder das Unverständnis, die sie als Kind erfuhren, nichts als der verächtliche Ausdruck unterlegener Geistigkeit seitens ihrer Umgebung war.

Das kindliche Halbbewußtsein hatte ihnen instinktiv auferlegt, die unerkannten Fähigkeiten andernorts, meist eben im Verborgenen auszuprägen, wenigstens zu schützen. Darüber lag in aller Regel ein tiefsitzender Zweifel, ob mit ihnen, abgesondert und unverstanden, eigentlich alles zum Rechten bestellt sei: und ist mit einem Schlag beseitigt. Ein übervolles Bewußtsein der eigenen Kräfte tritt an die Stelle des kindlichen Halbbewußtseins – aber auch an die Stelle schlummernder Kräfte, die jetzt hervorbrechen und alles in Besitz nehmen, was eben greifbar ist.

Mit solchen jungen begabten Erwachsenen ist darum besonders schlecht reden, jedenfalls für gewöhnliche Menschen. Sie scheinen regelrechte Besserwisser zu sein, halten mit der eigenen Meinung unangenehmerweise nie hinter dem Berg, ermüden ihre Gesprächspartner mit Marathondiskussionen über Stunden und Tage und haben meistens auch noch recht.

Leider ist mit dem glücklichen Erleben der eigenen Kräfte ein wenig der Verlust jener höheren Instinkte verbunden, die das kindliche Halbbewußtsein ausmachten und leiteten. Sie kehren erst dann zurück, wenn das Leben die jungen Wilden wieder einfängt, wenn ihre Umgebung erneut nervös reagiert und disziplinierend gegen die scheinbar anmaßenden, vorwärtsstürmenden Geister vorgeht. Was es aber mit diesen höheren Instinkten, die das Zentrum aller menschlichen Außergewöhnlichkeit bilden, genau auf sich hat, wird das folgende Kapitel über den außergewöhnlichen Menschen als Träger überpersönlicher Wahrheit klären.

Für das gegenwärtige Kapitel ist es viel interessanter, herauszufinden, wie es zur titelgebenden Doppelexistenz bei außergewöhnlichen Menschen kommt. Daß sie als Kinder tatsächlich schon eine Art Doppelexistenz führten, ist im vorausgegangenen Kapitel bereits deutlich geworden.

Im inflationären Hervorbrechen der immer bewußteren geistigen Kräfte ist jedoch die belastende Doppelrolle bei erwachsenen jungen Menschen einstweilen unnötig geworden. Zu groß ist ihre Neugier, ist ihr Beteiligtsein an allem, was die Welt ausmacht. Von einer Aufspaltung in eine gewissermaßen offizielle und eine verschwiegene Existenz kann keine Rede mehr sein.

Nur bleibt es nicht dabei. Denn die vom stürmischen Antritt der jungen Begabten schwer infrage gestellte Umwelt reagiert über kurz oder lang mit Disziplinarmaßnahmen, gemäß der langweiligsten Devise der Welt: das haben wir noch nie so gemacht. Für die jungen Begabten ist dieses Motto ein Ding der Unmöglichkeit, reizt sie doch gerade der Tatbestand des Immergleichen, neue Methoden und Inhalte auszuprobieren.

Die gewöhnliche Welt aber nimmt Veränderungen am Eingeübten nur in der Not vor, wenn es gar nicht mehr anders geht. Das ist in ihren Augen eigentlich nur der Fall, wenn Kriege, Seuchen oder Wirtschaftskrisen die menschlichen Gemeinschaften erschüttern, weshalb sie auch im zweifelhaften, aber zutreffenden Ruf stehen, furchtbar und fruchtbar zugleich zu sein. Vor der Krise wurde unablässig geflickt, nachgebessert, verwässert und die Krise imgrunde so erst herbeigeführt. Danach wird mit großem Schwung alles wiederaufgebaut, neu gemacht – und werden ohne jedes Augenmaß die wenigen Reste alter Substanz, die sehr wohl verdient hätten, zu überdauern, auch noch weggeräumt.

Diesem ewig-trivialen Kreislauf der Welt möchten sich die außergewöhnlichen Menschen entziehen. Aber sie dürfen nicht. Die Überforderung, die ihre Ideen und Pläne mit sich bringen, erdrückt die Masse der Normalsterblichen, die sich mit ihrer schieren Masse umgehend revanchieren. Und so bekommen junge Himmelsstürmer bald zu spüren, mit wem sie es zu tun haben, und daß nicht technische oder andere Probleme die Umsetzung ihrer guten, schönen und richtigen Ideen behindern, sondern daß es die Trägheit der Masse ist, die Trägheit ihrer einförmig-gleichmäßigen, langsamen Bewegung, die solche Ideen verhindert.

Ein junger Unternehmer scheitert zumeist schon am Bankkredit. Ihm gegenüber sitzt in der Regel ein borniert, zum Sachbearbeiter nicht durch Befähigung, sondern durch reine Anpassungsfähigkeit aufgestiegener Bankbeamter, der alles abblockt, was ihm neu ist. Statt zu begreifen, daß sein Institut auf Dauer nicht von alten, sondern von neuen Ideen profitieren wird, ermahnt er den Jungunternehmer mit dünnem Lächeln, sich lieber an Altbewährtes zu halten oder, bitte sehr, doch das Häuschen seiner Großmutter zu beleihen.

Ein neuer Supermarkt oder ein neuer Baumarkt wird dagegen immer einen Kredit bekommen, egal, wie viele Superbaumärkte es in der Stadt schon gibt oder wie wenig finanzielle Dynamik ein solches vom Mutterkonzern abhängiges Unternehmen entfalten kann. Das gleiche gilt für Sportboutiquen, Würstchenbuden, Kneipen und überhaupt alle Gastronomie, eben das, was ein Bankbeamter aus eigenem Erleben kennt.

Ein neues Produkt jedoch, das vielleicht exorbitante Umsätze verspricht, wird mißtrauisch beäugt und mit Sicherheit nicht kreditiert, gerade weil seine prospektive Umsatzkurve so viel steiler ist. Aber an erster Stelle natürlich deshalb, weil es neu ist. Da kennt sich der Bankbeamte nicht aus – und sich etwa sachkundig zu machen kommt ihm so wenig in den Sinn, wie ihm dies vermutlich unmöglich ist.

Viel eher begreift sein routiniert-müdes, angepaßtes Hirn, daß in der scheinbaren Extravaganz seines Gegenübers die sehr reale Chance liegt, auf das unterbewertete Häuschen der Großmutter endlich Zugriff zu bekommen. Traurig ein Land und eine Gesellschaft, die mit solchen Wirtschaftslenkern auszukommen haben.

Ähnlich traurig ist es um die Wissenschaften bestellt. Ein junger, aufstrebender Wissenschaftler sollte eigentlich, schon um die Berechtigung seines Berufs nachzuweisen, kraftvolle neue Ideen haben. Wehe aber, er hat solche Ideen. Der vorgesetzte Professor reagiert tief verstört, wenn sein eingefahrenes Denken durch neue Impulse in schwere Unordnung zu geraten droht.

Ein junger Wissenschaftler wird also viel eher selber Professor, wenn er zum fünfhundertsten Mal erneuerungsbedürftige Ideen leicht modifiziert wiederkäut. Man rät ihm sogar dazu, angeblich aus wissenschaftlicher Raison, letztlich aus Denkfaulheit. Macht er sich anheischig, den eigennützigen Rat der vielen versteinerten, universitären Denker zu überhören, hat er die wissenschaftliche Meute auf dem Hals. Seine Arbeiten werden übel rezensiert, seine Noten sinken in den Keller, und Vorträge, die Epoche machen könnten, werden zum Vortrag gar nicht erst angenommen.

Was tun darauf unser Jungunternehmer und der aufstrebende Wissenschaftler (die Beispielliste ließe sich beliebig verlängern)? Sie ziehen sich resigniert zurück oder fallen böse auf die Nase.

Wenn sie aber nicht resignieren und nicht auf die Nase fallen wollen (und auch über kein Lutherisches Temperament verfügen), müssen sie sich verleugnen. Und indem sie sich verleugnen, beginnt ihre Doppelexistenz – sie müssen dann über einen ganz langen Atem verfügen. Denn indem man sie mundtot gemacht hat, hören deswegen ihre Gedanken nicht auf, zu ihnen selbst zu sprechen.

Ein langer Leidensweg beginnt. Hinter ihnen liegen die kurzen, aber glücklichen Jahre hochfliegender Pläne, die ihnen schließlich als idealistische Träumereien ausgelegt worden sind. Vor ihnen liegt plattteste Gewöhnlichkeit und ein Leben der Anpassung, zu dem sie nicht gemacht sind. Zum zweiten Mal in ihrem Leben begibt sich das Unglück, daß man ihre Fähigkeiten und Begabungen nicht erkennt und sie durch den beschränkten Zugang zu den Futterkrippen zwingt, weit unter ihren Möglichkeiten zu bleiben.

Wie in der Kindheit richten sie sich mehr schlecht als recht in dieser Doppelexistenz ein. Freunde und Bekannte haben die Last der hochmotorischen, jäh gebremsten Geister mitzutragen, allen voran der Ehepartner – wenn nicht noch der doppelt unglückliche Fall eintritt, daß sich das vermeintliche Eheglück als weitere Gewöhnlichkeitsfalle erweist. Außergewöhnliche Menschen binden sich nämlich allzu gern an Partner, die nicht wie sie sind. Doch dazu mehr im Kapitel über das Gefühlsleben.

Wie gesagt hören Gedanken nicht auf, in Hirnen herumzu-
spuken, nur weil jemand mundtot gemacht worden ist. So daß
nach einer Zeit der Enttäuschung und relativen Agonie sich
das entrechtete, schwer gedemütigte Sensorium bald wieder
zu regen beginnt. Das äußert sich zunächst in vorsichtigen,
sehr diskreten Verbesserungen der Arbeitssituationen, in die
man sich zu Zwecken des physischen Überlebens hat einpassen
müssen. Zu hart war die gelernte Lektion, als daß man sich so
schnell wieder mit wirklich großen Ideen hervortun möchte.
Aber schon nach relativ kurzer Zeit beginnt der zweite Kreislauf des außergewöhnlichen Lebens, hebt sich der lebenslang
neugierige und umtriebige Kopf, schaut umher und nimmt
Witterung auf.

In der Folge wird aber tunlichst vermieden, an der qualvoll
hingenommenen Arbeitssituation etwas zu verändern. Stattdessen richten sich die Gedanken auf Außenliegendes. Pläne
entstehen, die Neues außerhalb des gewöhnlichen Lebens ins
Visier nehmen, von denen die Umgebung nichts versteht und
möglichst auch nichts mitbekommen soll. Es sind große und
immer größere Pläne, waghalsig und mutig wie einst – aber
doch um etliches realistischer. Und diese Pläne reifen und reifen, bis sie irgendwann in die Tat umgesetzt werden können.

Bis dahin lebt der außergewöhnliche Mensch seine klassische
Doppelexistenz; unscheinbar nach außen und vergleichbar je-
nen vielen andern, die an nichts weiter denken als an die Siche-
rung ihres eindimensionalen Lebensentwurfs – aber im Innern
unter hochnervöser Spannung stehend, wie ein Rennpferd in
der Box vor dem Start.

Daß die in dieser Zeit der Doppelexistenz entworfenen Pläne realistischer sind als die Pläne in jungen Jahren, führt zurück zu dem Gedanken, daß nicht die gewöhnliche Welt die
Grundlage außergewöhnlicher Menschen sei, sondern es sich
genau umgekehrt verhalte. Dabei sieht es zunächst gar nicht
danach aus. Denn das erzwungene Zurücktreten ins Glied war
es doch, was die Pläne realistischer gemacht hat. Darum sollte

man meinen, daß die jungen Wilden hier so etwas wie ihre Lehrstunde von der Welt erhalten hätten.

Richtig ist aber, daß die gewöhnliche Welt, die in der Zeit der Doppelexistenz erfahren wird, gewissermaßen das Ferment für reifere Pläne darstellt, so wie eingangs des Kapitels gesagt wurde, daß Schicksalsschläge und Krisen für die gewöhnliche Welt umgekehrt auch nichts als Ferment sind zur Erhaltung der gelebten Gewöhnlichkeit – denn natürlich hat das außergewöhnliche Denken sich vorher genauso mit Dingen der realen Welt befaßt und bedurfte in dieser Hinsicht keiner Neuorientierung: keineswegs mußte es etwa die Welt neu kennenlernen. Sondern die Umorientierung geschieht zum Zweck, daß die Welt das außergewöhnliche Denken endlich kennenlernt.

Träger überpersönlicher Wahrheit

Es stellt sich, nachdem nun so viel die Rede gewesen ist von Bewußtsein, Halbbewußtsein, höheren Instinkten usw., immer mehr die Frage, woher außergewöhnliche Menschen eigentlich ihre außergewöhnlichen Fähigkeiten haben oder auf welchen Wegen sie dieser Fähigkeiten habhaft werden – wie es gelingt, sie auszuprägen und später auch in die Welt zu tragen.

Mit dieser Fragestellung nähern wir uns dem absoluten Mittelpunkt des Seins außergewöhnlicher Menschen. Indem wir uns bisher mit vielerlei beobachtbaren, außenliegenden Phänomenen ihrer Existenz beschäftigt haben, dringen wir nun ein ins Innere ihres Wesens.

Im letzten Kapitel haben wir, eher am Rande, festgestellt, wie leicht es außergewöhnlichen Menschen fällt, sich in berufsfremde Fragestellungen und Sachverhalte hineinzudenken. Wenn es gelingt, dieses isolierte Phänomen einigermaßen befriedigend zu klären, werden wir auch der Klärung der grundgeistigen Verfassung außergewöhnlicher Menschen ein gutes Stück näher gerückt sein. Es wird sich dabei erweisen, daß ihr grundgeistiges Konzept ein universalistisches ist.

Allein mit ihrer, wenn auch hohen, geistigen Beweglichkeit scheint man jedenfalls nicht erklären zu können, was die für viele Menschen geradezu beängstigende, mindestens beneidenswerte Schnelligkeit ihres Hineinfindens in Sachverhalte ausmacht, in die sie eigentlich gar keinen Einblick haben dürften. Denn sie haben das Fach, um das es geht, ja nicht erlernt und haben sich für den anliegenden Sachverhalt auch nie am Beispiel geschult. Was also ist ihr Geheimnis, nennen wir es: das Geheimnis ihres Quantensprungs?

Man muß sich, um hinter das Mysterium zu kommen, nur ein paar Situationen in Erinnerung rufen, in denen man die außergewöhnliche Fähigkeit des Quantenspringens einmal miterlebt hat – übrigens ein wahrhaftes Tunnel- und Doppelerscheinungsphänomen:

Bei genauerem Hinsehen fällt auf, daß alles mit einfachen Fragen beginnt – mit ungeduldig hingeworfenen, ziemlich unkoordinierten Fragen allgemeinen Inhalts. Mitten in die anscheinend chaotische Fragerei hinein, die kaum die Antworten abwarten zu können scheint, wird schon ein erster, meist ungeeigneter Lösungsversuch unternommen, der den Fachmann denn auch nur wie ein blind hingeworfener Schrotschuß anmutet.

Dessen unfehlbar folgendes Kopfschütteln, das so viel heißen soll wie: dafür hätte es nun wirklich keines Rats bedurft, bleibt jedoch unbeachtet, und gleich beginnt die Fragerei von neuem, merkbar zielgerichteter jetzt. Und nach zwei drei immer präziser werdenden Wiederholungen des sich abwechselnden Musters von Fragen und Lösungsversuchen ist die Sache bereits erledigt: zum großen Staunen des Fachmanns erfolgt die treffende, unabweisbar richtige Antwort, von der der Fachmann nur nicht weiß, wie sie zustande- und wieso er nicht von selbst darauf gekommen ist.

Ein erster und nicht unwesentlicher Grund dafür ist die zurecht vielzitierte Betriebsblindheit von Fachleuten. Sie verstricken sich im Laufe ihres Berufs so sehr in Einzelheiten, daß sie im entscheidenden Moment nicht den nötigen Überblick haben über das anstehende Problem, das sich nämlich gern aus verschiedenen, kategorisch voneinander geschiedenen Komponenten zusammensetzt und meist ein ganzes Problem*feld* ist.

Genau auf das Verstehen des komplexen Problemzusammenhangs aber war die scheinbar unkoordinierte Fragerei ausgerichtet. Denn das Denken außergewöhnlicher Menschen basiert auf dem intuitiven Wissen, daß die Lösung schwieriger Probleme stets im Gestrüpp konkurrierender, paralleler und konvergierender, sich vielfach überlagernder Kategorien verborgen ist. Mithin diente die erste Fragenserie nur dazu, sich rasch einen Überblick über die kategorielle Gemengelage zu verschaffen. Der erste Lösungsversuch wiederum wollte weniger das Problem lösen, als es vielmehr im grob schon Überblickbaren eingrenzen. Die Reaktion des Fachmanns, wie auch sein Kopfschütteln, lieferte dafür wertvolle Indizien.

Alle weiteren Fragen und Lösungsversuche sind nur darauf gerichtet, immer noch mehr Klarheit zu gewinnen – bis der Augenblick nicht fern ist, an dem das intuitive Wissen sich einlöst. In diesem Moment wird dem Denken außergewöhnlicher Menschen deutlich, welche Art kategorieller Verschränkung hier eigentlich vorliegt. Es ist dann ein Leichtes, den problematischen Punkt ausfindig zu machen, den Finger auf den Knotenpunkt, aufs Zentrum des Problems zu legen und die Lösung herzusagen.

Eines der schlagendsten Beispiele, bei dem überforderte Fachleute durchaus die Contenance verlieren können, ist der Besuch beim Arzt. Sind schon Installateure, Malermeister und andere Handwerker nicht eben begeistert, wenn der Kunde ihnen für ihr Empfinden ins Handwerk pfuscht und am Ende auch noch recht behält (weil das schließlich eine Frage der Ehre ist und zudem die Rechnungsstellung kompliziert macht), so reagieren Ärzte geradezu gereizt, wenn der Patient selbständig denkt (und sich wie ein zahlender Kunde aufführt). Ein Kranker, der sich nicht unterwürfig verhält und alles demütig schluckt, was der Halbgott im weißen Kittel verordnet, ist der Ärzteschar gewöhnlich ein Greuel. Das läßt man den Patienten spüren, so daß fast jeder Patient pariert.

Dabei wäre es im höchsten Interesse des Patienten, sich ein Bild von der fachlichen Leistung seines Arztes zu machen. Und dem Arzt sollte die Diagnose, mindestens die Konzeption der einzuleitenden Therapie leichter fallen, wenn ein Patient mitdenkt.

Unangenehmerweise geschieht es aber gar nicht so selten, daß ein Arzt schlicht falsche Diagnosen stellt. Kommt dann einer daher, der instinktiv erfaßt, daß der ärztliche Lösungsvorschlag fehlgeht, und den Arzt darum mit Fragen löchert, die spürbar den Kern des Problems immer weiter einkreisen, verweisen persönlichkeitsschwache Ärzte (also fast alle) gern auf ihr Fachwissen.

Daß sie dies nur anhand von multiple-choice-Fragen erworben haben und über kein echtes Denken in Zusammenhängen verfügen, ficht sie nicht an. Normale Ärzte sind ein Sammelbekken von Detailinformationen, die unverbunden und für sich allein ein klägliches Eigenleben führen. Bei außergewöhnlichen Menschen ist es gerade umgekehrt. Sie kennen beileibe nicht alle Details, verfügen aber enorm sicher über strukturelle Zusammenhänge.

Genau besehen operiert ihr Denken nur auf diesem Wissen um Strukturen – einem intuitiven Wissen, haben wir eingangs gesagt und damit zwei Begriffe zueinander gebracht, die landläufig als hochgradig gegensätzlich empfunden werden. Intuition scheint ja etwas sehr Verschwommenes zu sein, ein diffuses, gefühltes Etwas, das sich jeder vernünftigen Betrachtung entzieht und vor allem nicht in Verbindung gebracht werden kann mit umso vernünftiger erscheinenden Begriffen wie Denken oder Struktur.

Und doch geschieht in der Realität des Denkens außergewöhnlicher Menschen genau dies: daß es, nicht nur bei der Lösung fachfremder Probleme, zweifelsfrei intuitiv operiert, also nicht zielgerichtet oder algorithmisch vorgeht, sondern ein Vorwissen benutzt, eine Art gefühltes Wissen um Zusammenhänge, die im Prinzip immer gleich sind, sich aber in jeder neuen Situation neu offenbaren. Ein solches zurecht intuitiv zu nennendes Wissen zeigt dem Denken an, wohin es seine genaueren, strukturierteren Denkmuster richten soll, in welcher Strukturebene sich das Denken betätigen muß, um adäquate Ergebnisse zu erzielen.

Wie nah im übrigen Intuition und Struktur tatsächlich sind, zeigt ein Blick auf die natürlichen Sprachen. Jeder normal gebildete Muttersprachler kann in Hinsicht auf die eigene Sprache jederzeit entscheiden, ob eine bestimmte Formulierung grammatisch korrekt ist oder nicht – und zwar ohne die grammatischen Regel auch nur im Ansatz zu kennen, die über die Korrektheit einer Formulierung entscheidet. Fragt man ihn, woher er weiß, ob ein bestimmter Satz korrekt gebildet wurde oder nicht, wird er folgerichtig antworten, daß sein Gefühl oder seine Intuition, genauer: sein Sprachgefühl ihm das sage.

Nehmen wir zur Illustration folgende vier frei erfundenen Sätze, bei denen es nicht um ihren Inhalt, sondern allein um die grammatische Richtigkeit geht:

1 -   Karl weiß, daß Hans kommt.

2 -   Daß Hans kommt, weiß Karl.

3 -   Karl weiß, wenn Hans kommt.

4 -   Wenn Hans kommt, weiß Karl.

Jedem normal gebildeten Sprecher des Deutschen ist klar, daß die Sätze 1 und 2 grammatisch korrekt sind. Satz 3 hingegen ist zweifelhaft, und Satz 4 ist mit Sicherheit falsch.

Das gewisse Unbehagen, daß sich bei dem einen oder anderen Sprecher bei Satz 3 einstellt, wird beseitigt, wenn man den Satz ein klein wenig verändert und ein *es* einfügt:

3a - Karl weiß es, wenn Hans kommt.

So ist der Satz in jedem Fall richtig, und auch Sprecher, die mit Satz 3 zunächst keine Probleme hatten, sehen in der Regel ein, daß Satz 3a den irgendwie richtigeren Satz darstellt. Das unscheinbare Wörtchen *es* hat offensichtlich etwas entscheidendes verändert. Aber was hat sich denn verändert? Und gibt es das, einen richtigeren Satz?

Fügt man das Wörtchen *es* nun auch in Satz 4 ein, verändert sich die Lage noch dramatischer:

4a - Wenn Hans kommt, weiß es Karl.

Durch die Hinzufügung von *es* ist der eben noch definitiv falsche Satz 4 auf einmal in einen definitiv richtigen Satz 4a umgewandelt worden. Jeder weiß das, ohne zu wissen, warum es so ist. Aber welcher Art ist das Wissen? Man kann es fühlen, man spürt das eben, lautet die Antwort bei ausnahmslos jedem Sprecher, den man danach befragt.

Umgekehrt wird aber Satz 1 durch die Einfügung von *es* definitiv falsch, während Satz 2 durch dieselbe Operation dem einen oder anderen unrichtig erscheint, vielen aber nicht:

> 1a - Daß Hans kommt, weiß es Karl.

> 2a - Karl weiß es, daß Hans kommt.

Es würde an dieser Stelle zu weit führen, die exakten Gründe für die vorgeführten Beispiele darzulegen, aber ganz offensichtlich führt das Wörtchen *es* in manchen Fällen zu grammatischen Unklarheiten und bringt in anderen Fällen grammatische Regeln regelrecht zu Fall. Entscheidend für unsere Zwecke ist, zu zeigen, daß es mindestens im Fall der definitiv falschen Sätze 1a und 4 möglich ist, sie als einwandfrei falsch zu erkennen, ohne die geringste Ahnung davon zu haben, welche grammatischen Ursachen dafür verantwortlich sind.

Da aber diese grammatischen Ursachen, die es tatsächlich gibt, wiederum zweifelsfrei rein struktureller Natur sind und die Entscheidung darüber, ob strukturell richtige oder falsche Sätze gebildet wurden, ebenso zweifelsfrei ohne strukturiertes Wissen auskommt und nachfragbar nichts als eine Gefühlsentscheidung ist, zeigt sich, daß es durchaus möglich ist, daß Gefühl oder Intuition über harten Strukturen operieren.

Wenn das Denken außergewöhnlicher Menschen also ein intuitives Wissen zuhilfe nimmt, um strukturelle Probleme zu lösen, ist das keine Vorgehensweise, die nicht von dieser Welt wäre. Sondern sie scheint ganz im Gegenteil bereits in der sprachlichen Organisation von Menschen angelegt, und zwar in der ersten geistig-strukturierten Organisation, die Menschen in sich aufnehmen. Das Erlernen grammatischer Kernstrukturen hat ein Kind nämlich schon mit drei oder vier Jahren abgeschlossen.

Das intuitive Wissen außergewöhnlicher Menschen, haben wir darüber hinaus gesagt, erstrecke sich darauf, daß schwierige Probleme stets im Gestrüpp vielfältig sich überlagernder Kategorien verborgen lägen. Wenn das so ist, muß es eine Vergleichbarkeit aller Probleme geben, und es wäre sozusagen nur noch die Frage, auf welcher Tiefenebene jeweiliger Strukturen das Problem angesiedelt ist. Hat man die Strukturtiefe einmal geortet, ergibt sich die Lösung eines fachfremden Problems aus dem Vergleich mit anderen Strukturen, die besser bekannt sind.

Und genau so verhält es sich, jeder virtuose Denker und außergewöhnliche Mensch wird das bestätigen. Aber natürlich scheiden sich an diesem Punkt auch die Geister. So sehr dies für die einen eine Tatsache ist, so sehr verweisen andere darauf, daß es sich bei dem Phänomen um eine Annahme, also um nichts Beweisbares handele. Nur kommt es zum einen gar nicht darauf an, ob die Sache beweisbar ist – es reicht völlig hin, wenn sie sich in der Praxis bewährt.

Zum anderen aber steckt hinter dem Zweifel der Kritiker eine viel größere Sorge. Wenn sich die Sache nämlich tatsächlich wie dargestellt verhielte, hieße das im letzten Schluß, daß die ganze Welt nach einem ein-identischen, nur variierten Grundmuster gefügt sei, eine Annahme, die historisch überwunden scheint. Denn zum letzten Mal hat man in Europa in dieser universellen Weise die Welt erklärt, als es noch einen Gott gab und alles in der Welt von seinem göttlichen Prinzip abhing und dem in jeweiliger Abwandlung auch entsprach. Gott aber gilt in unseren Tagen als mindestens wissenschaftlich abgeschafft und wird nurmehr für eine Sache des Glaubens gehalten, der wiederum als eine Sache des Lebensgefühls angesehen wird.

So sehr nun auf der Grundlage unserer kleinen grammatischen Demonstration davor gewarnt werden muß, das Denken in Strukturen von Dingen wie Gefühlen scharf zu trennen, so sehr ist auch die Frage, ob man Gott, wenn man ihn schon aus wissenschaftlichen Gründen glaubte abschaffen zu müssen, nicht aus eben denselben wissenschaftlichen Gründen gewissermaßen durch die Hintertür wieder ins Denken zurückholen muß – indem eine universale Ordnung der Welt ja immerhin möglich wäre. Albert Einsteins Suche nach der Weltformel, die er in seinen letzten Lebensjahren (wenngleich erfolglos) betrieb, deutet darauf hin.

Das Denken außergewöhnlicher Menschen jedenfalls beruht ohne allen Zweifel auf der höchst praktikablen Annahme universeller Strukturen – und benutzt sie wie Einstein, dem auch ohne Weltformel nach eigener Aussage beim Geigenspiel stets die besten Ideen für seine avancierten und zuletzt allgemein anerkannten physikalischen Überlegungen kamen.

Die Übereinstimmung physikalischer mit mathematischen oder chemischen Strukturen deutet in die selbe Richtung. Stets und überall gibt es harmonierende Grundmuster oder Inventare an Grundtatbeständen, die, wenn sie nicht deckungsgleich sind, sich doch so sehr ähneln, daß von einem Fach aufs andere geschlossen werden kann. Und in der Tat geht man in den Grenzbereichen heutiger wissenschaftlicher Forschung, wenigstens in den theoretischen Wissenschaften, dazu über, Erkenntnisse des einen Fachs ins andere hinüberzunehmen, umzudeuten oder sogar grundlegend anzuwenden. Gerade in der theoretischen Physik oder Chemie haben mathematische Strukturen die frühere wissenschaftliche Beweispflicht der Beobachtbarkeit und Wiederholbarkeit ersetzt.

In den Geisteswissenschaften und noch mehr im Bereich der Kunst ist derlei Grenzüberschreitung oder Substitution lange schon fachlicher Alltag. Die innere Verwandtschaft von Novelle und Drama, von Roman und Sinfonie, von Kammermusik und Aquarell sind vertraut und werden fruchtbar genutzt. Und daß die Struktur des französischen Romans eng verzahnt ist mit der Grammatik der französischen Sprache und diese wiederum Bezüge zur Geschichte, zum Klima und zur geologischen Formation aufweist, ist kein Geheimnis mehr.

Die Frage, die uns hier beschäftigt, greift aber noch ein Stück weiter. Denn mit Ähnlichkeiten, Verhältnismäßigkeiten, Synergien und parallelen Fachuniversen ist zum einen so etwas wie eine absolute Universalität noch nicht hinreichend geklärt.

Und zum anderen stellt sich die Frage, wie außergewöhnliche Menschen überhaupt dazu befähigt wären, an solcher Universalität unmittelbar teilzuhaben. Denn das ist es, was wir letztlich zeigen wollen.

Wenn im Sinne eingeschränkter, mithin relativer Universalität die jeweiligen Fachgebiete und geistigen Zentren dieser Welt einander wenigstens ähneln, liegt zwar der Schluß auf ein übergreifendes geistiges Zentrum nicht fern – an irgendeiner Stelle muß das Mobile der verwandten Teile schließlich aufgehängt sein. Und es müßte, um im Umkehrschluß unser Ziel anzusteuern, schon deshalb eine allfällige, immer gültige, eben universelle und damit überpersönliche Wahrheit geben, damit, wie es ja geschieht, wenigstens die Relativität und Eingeschränktheit universeller Ordnung festgestellt werden kann (die philosophisch-transzendentale Implikation dieser Gedankenführung können wir einstweilen außer Acht lassen).

Die Objektivierbarkeit der Quantensprünge außergewöhnlicher Menschen ist eine wesentliche Voraussetzung unserer Gedankenführung – anders ist die Teilhabe an absoluten oder auch nur relativen Universalien gar nicht vorstellbar. Und so ist es wichtig festzuhalten, wie sehr die Vergleichbarkeit und Parallelität all unserer Fachuniversen ihre Zugänglichkeit erleichtert. Denn dann wird klar, daß man, um Quantensprünge vollführen zu können, jenseits jedweder Qualifikation über ein verbindendes Drittes verfügen muß, das seinerseits nur irgendeine alles durchziehende, erfaßbare oder doch wenigstens anzapfbare Wahrheit sein kann. Und eine solche Wahrheit muß wohl auch allgemeingültig sein.

Zwei gedankliche Modelle stehen für die Teilhabe an Universalien zur Verfügung. Entweder es gibt die eine, absolute Universalität wirklich: dann müssen die gedanklichen Strukturen oder der Strukturinstinkt des außergewöhnlichen Menschen darin gründen oder die gleichen Ableitungen vollziehen, wie sie in der Deklination der jeweiligen Fachgebiete in Abhängigkeit vom absoluten Zentrum vorgebildet sind.

Oder es gibt nur eine relative Universalität, was so viel heißt, wie die Frage der Aufhängung des Mobiles aus unseren Überlegungen herauszuhalten: dann wird der außergewöhnliche Mensch jenes Verbindende zwar nicht denken können, es sich zur praktischen Anwendung seines Denkens aber nutzbar machen und weit jenseits seines Bewußtseins darin gründen und eben einen solchen Zugang dazu haben, den wir zurecht als instinktiv bezeichnet haben.

Und damit schließt sich der Kreis unserer Überlegungen. Fassen wir darum kurz zusammen. Allem Anschein nach (denn mehr als die Anschaubarkeit solch komplexer Zusammenhänge können wir hier nicht erreichen) rührt die bei außergewöhnlichen Menschen stärker ausgeprägte Neigung zur vermischten Anwendung von strukturiertem Denken mit strukturorientierten Instinkten daher, daß es in allem Wissen und in allem Denken dieser Welt Vergleichbarkeiten gibt, die entweder unmittelbar universal begründet sind oder doch mindestens eingeschränkt universelle Gültigkeit haben – auf die der außergewöhnliche Mensch vermittels seiner geistigen Anlage zugreifen kann.

Im Falle der absoluten Universalität verhielte sich die Sache nicht anders, nur noch geheimnisvoller, wenn man so sagen will. Die geistige Anlage des außergewöhnlichen Menschen würde dann unmittelbar darin gründen und nicht mehr ein Spiegelbild sein dessen, was er denken kann, sondern jenes Universelle sozusagen selbst sein – in individueller Ausprägung, ganz so, wie es für die jeweiligen Sach- und Fachgebiete mit all ihrer Vergleichbarkeit auch gilt.

Diese letzte Überlegung greift nun doch tief in transzendentale Bereiche hinein und streift das Religiöse, wenn nicht das Übernatürliche. Wir wollen sie als Spekulation über die Vernetztheit aller Phänomene und allen Seins dieser Welt stehen lassen und eine weitere daran knüpfen. Denn das Übernatürliche stellt eine außerordentliche Verlockung dar. Und zwar insofern, als im Falle einer übernatürlich-transzendentalen Deutung unseres Untersuchungsgegenstands auch eine Deutung übernatürlicher oder transzendentaler Phänomene in Sichtweite geriete.

Wenn nämlich außergewöhnliche Menschen nicht das Spiegelbild des Universellen wären, also nicht, um es geradeheraus zu sagen, nach dem Antlitz Gottes gemacht wären, wie es die Genesis formuliert, sondern wenn sie jenes Göttlich-Universelle selbst wären, sozusagen Gott selbst, könnten wir erstens den neutestamentarisch stets etwas abstrakten Gedanken von der Gottheit seines Sohns besser begreifen und was er für die Menschheit insgesamt bedeutet. Und zweitens wären etliche, heute noch paranormal zu nennende Phänomene vergleichsweise im Handumdrehen erläuterbar. Doch damit genug spekuliert.

Ein letztes vielleicht noch. Die uns eingangs unseres Buchs beschäftigende Frage, inwieweit die außergewöhnlichen Menschen sich aus sich selbst heraus ernähren und gewissermaßen erziehungsresistent sind, erfährt durch die obige Spekulation eine schöne Bestätigung – und Ausdifferenzierung. Denn jetzt ist deutlich, wie so etwas überhaupt möglich sein könnte: Unabhängigkeit von der Umtriebigkeit und Betriebsamkeit der menschlichen Umgebung. Und zwar indem der Zugang zur überpersönlichen Wahrheit des Universell-Geistigen unmittelbar gegeben wäre. Es scheint einigermaßen einleuchtend, daß Menschen, die über einen solchen unmittelbaren Zugang verfügen, nur sehr schwer von außen zu beeinflussen sind.

Die Intensität, mit der außergewöhnliche Menschen zu jener überpersönlichen Wahrheit vordringen, ist natürlich sehr verschieden. Je nach Bildungsgrad, persönlichem Interesse, vor allem je nach individuellem Temperament, also auch nach dem jeweiligen Lebensgefühl wird der Zugang mehr oder weniger geordnet oder inspiriert, intuitiv oder bewußt sein, sich im Prinzip aber immer ähneln.

Und damit kommen wir zu einem der reichhaltigsten, abwechslungsreichsten, vielleicht auch zu einem der vergnüglichsten und unterhaltsamsten Kapitel unserer Untersuchung des außergewöhnlichen Menschen: zur schillernden Welt seiner stets überbordenden Gefühle.

Die Gefühlswelt

Niemand, der einen außergewöhnlichen Menschen kennt oder jemals einen kennengelernt hat, kommt um die Feststellung umhin, daß die Gefühlswelt dieser Menschen von Extremen geprägt ist. Und das kann, nach allem, was wir bisher wissen, wohl kaum anders sein. Die Ursachen dafür liegen selbstverständlich in der weit gespannten geistigen Anlage, denkt man. Wie aber, wenn es sich gerade andersherum verhielte?

Natürlich finden wir das bekannte Spektrum der verschiedenen Charaktertypen wie der diversen Gefühlsstände der gewöhnlichen Welt auch auf die außergewöhnlichen Menschen verteilt. Nur daß der Zornige dort besonders imposant aufbraust, der Schweigsame besonders zäh schweigt, der Hypochonder noch viel alberner um seine Gesundheit besorgt ist, der Furchtsame und der Mutige erheblich größere Pegelstände ihres jeweiligen Temperaments erleiden usw. – allerdings erst im Erwachsenenalter, in dem auch ein bestimmtes, beinahe durchgängiges Persönlichkeitsmerkmal voll entfaltet ist: was das Leben mit außergewöhnlichen Menschen nicht einfacher macht.

Und zwar entwickeln eigentlich alle außergewöhnlichen Menschen einen ausgeprägten, geradezu seismographischen Sinn dafür, wenn man ihnen zu nahe tritt oder sie sonstwie angreift. Sie sind dann sehr schnell und sehr gründlich beleidigt. Umgekehrt trifft ihr Beleidigtsein den vermeintlichen Beleidiger in der Regel ziemlich unvorbereitet, denn er hatte mit seiner eher beiläufigen Bemerkung meist gar nichts Böses im Sinn gehabt.

Das aber sehen außergewöhnliche Menschen anders. Sie wissen oder meinen zu wissen, was dem ersten, harmlosen Nahetreten noch so alles folgen wird, und dagegen verwehren sie sich möglichst früh, natürlich auch aus schlechter Erfahrung. Dennoch schießen sie dabei sehr häufig übers Ziel hinaus und bieten ihrer Umgebung unnötige Angriffsflächen: und gelten als mimosenhaft und als leicht pikierbare, beleidigte Leberwürste.

Zum Ausgleich für diesen schwierigen Zug ihrer Persönlichkeit sind außergewöhnliche Menschen aber auch im Verzeihen groß. So schnell sie beleidigt abtreten, so großmütig betreten sie die Bühne auch wieder. Ihr Verzeihen wirkt allerdings nicht weniger maßlos und übertrieben.

Im Kindesalter überlagern meist die in einem früheren Kapitel dargestellten Schwierigkeiten und Probleme noch die charakterliche Gefühlsausprägung. Zu amorph ist der außergewöhnliche Gesamtorganismus, als daß er so früh schon seine eigentliche Gestalt offenbaren könnte. Und was an reiner, unverfälschter Bildung vielleicht doch schon sichtbar wäre, wird durch die zahllosen Interferenzen, mit denen die gewöhnliche Welt sie belastet, gründlich verwischt.

So kommt es, daß die außergewöhnlichen Menschen gefühlsmäßig nicht nur der sie umgebenden Welt, sondern auch sich selbst oft ein Rätsel sind – und bleiben. Ihre geistige Verfassung wird ihnen, wie dargelegt wurde, immerhin im Erwachsenenalter einsichtig und erfahrbar. Ihre emotionale Verfassung aber tritt, nicht zuletzt durch die Belastungen der Doppelexistenz, weit hinter das ihnen selber erkennbare Maß zurück.

Da bedarf es schon einer besonderen, meist künstlerischen Begabung, in der Gefühle und die Kenntnis ihrer Feinstruktur gewissermaßen zum Handwerk gehören, damit ein außergewöhnlicher Mensch einigermaßen über sich Bescheid weiß. Aber auch dort ist wie insgesamt sein Gefühlsleben wenigstens der Umgebung ein großes Rätsel. Was ein außergewöhnlicher Mensch von sich selbst denkt, ist jedenfalls nie das gleiche wie das, was man von ihm wahrnimmt.

Seltsamerweise werden die außergewöhnlichen Menschen gern als gefühlsarm oder gefühlsflach angesehen. Oft attestiert man ihnen Kälte, fehlendes Einfühlungsvermögen, Gnadenlosigkeit, Härte und auch emotionale Unreife. Was letztere anbelangt, muß man zugeben, daß sie tatsächlich öfters anzutreffen ist. Denn durch die im Kindesalter beginnenden, emotional außerordentlich schwer wiegenden Zwangslagen, in die so ein (eigentlich sehr fein veranlagtes) menschliches Wesen gerät, zieht es sich womöglich völlig in sich zurück. Um schließlich außer seiner geistigen Potenz nichts im Leben mehr sichtbar werden zu lassen.

Dennoch ist unter der harten Schale noch die ursprüngliche Gefühlsanlage vorhanden. Es kann nur sein, daß sie ab einem bestimmten Augenblick nie mehr Gestalt gewinnt und dann ihren Träger immer unreifer, ungelenker und verschrobener wirken läßt. Überschießende Gefühle sind solchen Menschen fremd, jedenfalls lassen sie wenig davon nach außen dringen. Man findet sie darum häufig in naturwissenschaftlichen Berufen (mit übrigens ebenso häufig übersteigerten sexuellen Wünschen und Bedürfnissen, die das niedergedrückte, verkümmernde, eigentlich großartige Gefühlsleben kompensieren sollen, dem sie wiederum nur sehr verschwiegen nachgehen können).

Generell rührt die kritische Sicht der Außenwelt auf die Gefühle der außergewöhnlichen Menschen vom selben Unverständnis her, das sie ihnen gegenüber sonst auch hat. Und von einem folgenschweren Mißverständnis, was die eigenen, gewöhnlichen Gefühlswerte anbelangt.

Da nämlich gilt als menschlich warm und einfühlsam, als offen, verständnisvoll und reif, wer nur immer bunte menschliche Bilder liebt und gebiert. Und das Lärmen des Jahrmarkts, das sich Schlagen und Vertragen, das Herrschen und Unterwerfen, alles Grobe und sich in den Vordergrund Schiebende gilt als Inbegriff menschlicher Ausdrucksfülle und Lebendigkeit – und ist doch nichts als ein archaischer, animalisch geprägter Reflex.

Es liegt den viel weiter ausgespannten geistigen Anlagen des außergewöhnlichen Menschen fern, an solcher Schießbudenbelustigung unter der Fahne des Menschlichen auch nur zur Zerstreuung teilzuhaben; was das Mißtrauen, das man gegen ihn hegt, noch einmal verschärft. Ist es das Banale, das Triviale, das ihn von solchem Zeitvertreib fernhält? Oder ist es der reine Zeitverlust? Glauben außergewöhnliche Menschen wirklich nur, sie könnten ihre Zeit nutzbringender anwenden? Ist darum der Vorwurf, sie seien unfähig, sich zu entspannen und sich dem lustigen Treiben einfach anzuvertrauen, berechtigt? Sind sie in diesem Sinne tatsächlich menschlich unreif? Keineswegs.

Eine kleine Rückerinnerung ans vorhergegangene Kapitel genügt schon, um Licht in die Angelegenheit zu bringen. Denn die Instinkte des außergewöhnlichen Menschen, sein feines Erspüren von Zusammenhängen und verbindender Wahrheit greifen auch hier. Und was er spürt, ist daß die behauptete Fröhlichkeit im menschlich-jahrmarkthaften Gebaren nichts als eine Lüge ist. Vielmehr dient das lustige Lärmen dazu, jene nackte physische und psychische Gewalt einzukleiden und zu verschleiern, mit der dort festgestellt wird, wer das Sagen und wer zu gehorchen hat. Die Hackordnung, die früher gern in kriegerischen Akten und mit barbarischem Aufwand hergestellt werden konnte, wird so allerdings um den hohen Blutzoll vermindert, der einst schulterzuckend entrichtet wurde und heute für rückschrittlich gilt.

Die gewöhnliche Welt glaubt nun, in letzterer Hinsicht durchaus zurecht, entscheidende Fortschritte gemacht zu haben, indem sie ihre Hierarchisierung zunehmend auf Spielplätze und in Vergnügungsparks verlagert. Auf den außergewöhnlichen Menschen dagegen wirkt alles dieses Massenwesen immer noch wie ein Rückschritt – er könnte mehr und anderes, wenn man ihn nur ließe (im Kapitel über den einen Gerechten auf hundert Ungerechte wird darauf einzugehen sein).

Einstweilen ist immerhin festzustellen, daß das übliche Verhältnis oder eben Mißverhältnis zwischen der gewöhnlichen Massenwelt und dem außergewöhnlichen Individuum sich auch auf die innerste, instinktive Gefühlslage erstreckt. Und eingangs des Kapitels sagten wir bereits, daß außergewöhnliche Menschen zu Extremen neigen. Betrachten wir unter dieser Voraussetzung das stets einleuchtende Feld der Liebesbeziehungen. Da fällt sofort auf, wie unsicher und schwankend das Liebesleben solcher Menschen verläuft. Und zwar entweder nach innen oder nach außen schwankend, denn man trifft in der Regel auf zwei fein säuberlich voneinander getrennte Typen, den des Vielehers und den des Einehers.

Dabei kann es ohne weiteres sein, daß der vielfach Verheiratete der Ansicht ist, sich eher selten gebunden zu haben. Für sein Temperament und seinen Geschmack verlief sein Leben eher eintönig, er möchte meinen, geradezu monogam. Entsprechend kann der Typus des Einehers seine Ehe durchaus unter dem Aspekt der Bindungslosigkeit erfahren oder auch gar nicht verheiratet sein. Die faktische Monogamie hat auf der Innenseite eine Entsprechung zur relativen Bindungslosigkeit des Vielehers. Beider ständig schwankendes Gefühl meint jedenfalls nie die eine, an die sie sich gebunden haben, sondern erstreckt sich in schöner Regelmäßigkeit auf andere Objekte ihrer Begierden.

Der Unterschied ist der, daß der Eineher in Liebesdingen zur Passivität neigt – was er liebt, muß er nicht besitzen. Anders der Vieleher, der ein aktiver Typ ist mit dem Hang zu überfallartigen Handlungen. Seinem wechselnden Geschmack muß er nachgehen, ob er will oder nicht, nur daß er ebenso vergeblich nach der Erfüllung seiner übermächtigen Gefühlstriebe sucht (die immer auch seine unendliche Sehnsucht nach Aufhebung jener Einsamkeit verraten, in die er seit der frühen Kindheit notwendig eingesperrt ist). Die wechselnden Bilder sind zunächst nichts als ein Spiegel seiner rastlosen Seele, die am Ende immer allein zurückbleibt. Denn die Angebetete ist selten die, die sie zu sein scheint – wie auch er sich für sie bald als ein anderer entpuppt, als sie dachte.

Für normale, ‚bürgerliche‘ Ehen scheinen außergewöhnliche Menschen ziemlich ungeeignet zu sein. Ihre ständige Unrast erstreckt sich entweder auch auf ihre Liebesfähigkeit oder macht gerade vor ihr halt. Und so finden sie, wenn überhaupt, meist erst sehr spät auf ein geliebtes und sie liebendes Gegenüber, das wirklich zu ihnen paßt und sie, in den ihnen gesetzten Grenzen, ruhiger werden läßt, ein Gegenüber, das sie versteht und genauso schätzt, wie sie einmal sind.

Das Vertrackte daran ist, daß außergewöhnliche Menschen zu diesem Zeitpunkt emotional schon so verbraucht sind, daß sie ihre hochsensiblen Gefühle nun zurückhalten. Wohin es führt, die Verschlossenheit aufzugeben, haben sie ja zur Genüge gesehen. Außerdem fürchten sie um ihren gesamten Energiehaushalt, wenn sie bemerken, daß endlich tatsächlich Liebe in ihr Leben tritt. Denn wenn ihre Feinnervigkeit sich auch nur im Ansatz in diese Liebe ergießt, schütten sie wie im Zwang den riesigen Rest hinterher. Darum sind außergewöhnliche Menschen im Erobern meist noch in einem Maße feinfühlig, das ihr geliebtes Gegenüber wehrlos macht, erscheinen danach aber, wenn die erfolgreiche Eroberung nach Bewährung und Kontinuität verlangt, aus Angst um sich selbst gelegentlich grob, mitunter sogar roh. Nicht zuletzt hierher rührt der Vorwurf der Härte.

Ein weiteres Vertracktes ist, daß ein wirklich passendes Gegenüber keinesfalls selber außergewöhnlich sein darf und es zugleich doch sein muß, ein Dilemma, das aufzulösen viel Zeit und Gelegenheit braucht. Wäre das Gegenüber im gleichen Maß seiner Außergewöhnlichkeit verpflichtet, konkurrierten zwei Monomane und könnten nach stürmischem Beginn allenfalls Freundschaft schließen – was immerhin nicht übel wäre.

Leider aber greifen die außergewöhnlichen Menschen ohnedies allzugern gründlich daneben und suchen sich zunächst besonders gewöhnlich veranlagte Partner. Darin schwingt, anders als man vielleicht denkt, so etwas wie ein kleines Mitleid für sie mit, die der ihnen (wie letztlich allen Menschen) innewohnenden feineren Gaben niemals teilhaftig werden könnten, würde sich nicht ein außergewöhnlicher Mensch auf sie stürzen und ihnen zu sich selbst zu verhelfen suchen.

Es versteht sich beinahe von selbst, daß ein solches Vorhaben fehlschlagen muß. Und auch der zweite Plan, daß nämlich die

Gewöhnlichkeit des Gegenübers als Ruhekissen tauge und als Auffangbecken, schlägt in der Regel gründlich fehl. Gewöhnliche Menschen finden sich selber selten gewöhnlich und wollen auch nicht so behandelt werden. Und sie haben, wenn sie die Nähe zur Außergewöhnlichkeit suchen, auch kein samariterhaftes Helfersyndrom, sie mögen keine gewöhnlichen Dienste versehen und nur für die kleinteiligen Lebenssorgen dasein. Sondern sie wollen vollen Anteil am Außergewöhnlichen haben, das ihnen mehr Leben ermöglichen soll, als sie selber in sich tragen.

In solchen Bindungen prallen die Gegensätze bald wie D-Züge aufeinander. Und so wird über kurz oder lang eine neue, wieder hochenergiereich angegangene Bindung angeknüpft. Die auch nicht lang hält. Bis eines Tages, wenn alles gut geht, ein Mensch ins Leben tritt, der die gewisse Hilflosigkeit außergewöhnlicher Menschen in Sachen des Alltags und der Normalität nicht scheut, sondern mit leichter Hand auffängt und im übrigen fühlt, daß die eigenen Schwierigkeiten mit der gewöhnlichen Welt, mit ihrer inneren Armut und Perspektivlosigkeit hier ein Ende finden können.

Der Eineher, um auch seinen Fall noch kurz auszuleuchten, wird dagegen scheinbar reglos allein oder in monogamer Bindung ausharren, bis eines späten Tages auch ihn das Glück trifft, in Gestalt eines Gegenübers, das ihn erkennt. Dann wundert sich die Umgebung, besonders natürlich sein bisheriges Gegenüber, daß der in Liebesdingen anscheinend so Bedürfnislose und Lethargische auf einmal erwacht und loszieht, mitten ins Leben hinein – genau wie die Umgebung sich wundert, wenn der Vieleher auf einmal stabil wird.

Wir sprachen eben von einer gewissen Hilflosigkeit, die allen außergewöhnlichen Menschen dem Leben gegenüber eigen zu sein scheint. Sie verdient, als weiteres konstitutives Element dieser Spezies, eine genauere Betrachtung und ist eng an die allgemeine emotionale Überkonturiertheit gebunden.

Natürlich gibt es unter den außergewöhnlichen Menschen auch regelrechte Lebenskünstler und Virtuosen der Alltagsorganisation. Bei ihnen ist das, was die allermeisten anderen schwach ausprägen, im Übermaß vorhanden. Insofern sind sie kein Gegenbeweis, sondern sogar noch eine Steigerung des Prinzips, daß keine Regel ohne Ausnahme daherkommt (einschließlich aller konstitutiven Weiterung).

Kehren wir, um die Hilflosigkeit anschaulich zu machen, kurz zum Beispiel des straßefegenden Kindes zurück. Gewöhnlichen Kindern haben wir, analog zu ihrer frühen Anpassung an die bestehenden Verhältnisse, eine relative Phantasielosigkeit bei solchen und anderen Tätigkeiten attestiert. Sie haben die Regelhaftigkeit und Normiertheit der sie umgebenden Welt gewissermaßen so sehr inhaliert, daß all ihr Ahnen und Trachten die Regeln der Welt, auch wo sie nicht expliziert sind, in einer Art vorauseilenden Gehorsams vorwegnimmt und idealtypisch erfüllt – was ein weiterer Beweis ist für das Prinzip des intuitiven Erfassens von Strukturen, das hier einmal auf der Seite der gewöhnlichen Welt in Erscheinung tritt (schillerndere Beispiele dürfte man auf dieser Seite indes schwerlich finden können).

Bei außergewöhnlichen Kindern ist der Sinn für die Norm nur äußerst schwach entwickelt. Ihr Lebensgefühl, ihre Intuition ist auf etwas ganz anderes gerichtet, und zwar auf Weiterführendes. Die Normverletzung, die das Kind begeht, indem es den Straßenmüll einfach in die Kanalisation kehrt, wird ihm nicht bewußt oder es blendet sie aus. Sondern vielmehr ist alles überlagert vom Lebensgefühl des Verbesserns, Aufweitens, Abkürzens, kurz: des sachlichen, jedoch nicht des soziokulturellen Zusammenhangs.

Leider ist genau damit aber prädestiniert, die bestehenden Normen zu verletzen, wenn nicht zu sprengen. Außergewöhnliche Menschen haben, so gesehen, schon als Kinder keinen Sinn für Moral, jedenfalls nicht in Hinsicht auf Normen. Ihre Ethik ist kategorisch anders gelagert.

Zum einen müssen sie aus sich selbst heraus begreifen, was richtig ist und was falsch, und zum anderen wird alles Neue, Andere, Bessere für sie so sehr vom Glanz der Freude über das Erreichte durchstrahlt, daß genau dies ihre Moral ist. Kinder, deren Seelenmechanik so funktioniert, können als Erwachsene nicht sehr viel anders sein.

Und daraus resultiert, bevor nicht im fortgeschrittenen Alter die Anlagen sich einlösen, eben Hilflosigkeit. Denn alles auf dieser Welt ist nach dem Maß des Gewöhnlichen entworfen und geordnet, und da kennen sich die außergewöhnlichen Menschen einfach nicht gut aus.

Für außergewöhnliche Autofahrer gibt es schließlich keine besonderen Verkehrsregeln, es gibt keine gesonderten Bewerbungsverfahren für Begabte, keine Liebesregeln für Inspirierte, keinen Verhaltenskodex für Talente (außer vielleicht für Künstler, die immer noch gewisse Narrenfreiheit genießen). Nein, die Maßeinteilungen dieser Welt sind gewöhnlich wie sie selbst und gelten für ausnahmslos jeden. Kein Längenmaß, kein Zeitmaß, kein Rhythmus, keine Arbeitseinteilung ist auf Außergewöhnlichkeit zugeschnitten. Sondern alles gehorcht den Bedürfnissen der Gewöhnlichkeit.

In der Freizeit verhält es sich kein bißchen anders, eher noch schlimmer. Filme, Fernseh- und Radioprogramme, Urlaubsangebote, Sport und andere Freizeitvergnügen: alles ist im Sinne des Gewöhnlichen entworfen, geplant und durchgeführt.

Ein gigantischer Aufwand ist nötig, um in der Regelschule ein begabtes Kind etwa eine Klasse überspringen zu lassen. Fast ebenso schwierig ist es, den Anfängerkurs in Tennis, Tauchen und Reiten nach drei Tagen abzubrechen und in die Leistungsklasse zu wechseln. Man hat sich, meint die gewöhnliche Welt aus der mit ihr selbst gewonnenen Erfahrung, besser überall hinten anzustellen.

Leider bestimmt dabei nicht etwa der Langsamste die Geschwindigkeit des Trosses, der sich so qualvoll langsam durchs Land wälzt. Das wäre eventuell hinnehmbar, als hochmoralischer, zutiefst sozialer Akt. Sondern der Normalste bestimmt das Tempo. Seinem Schritt, seinem Mittelmaß haben alle zu folgen; wer vorauseilt, wird bestraft, wer liegenbleibt, zurückgelassen. Und so reproduziert sich die gewöhnliche Welt beständig selbst und errichtet eine Diktatur des Durchschnitts.

Darin aufzuwachsen und täglich, stündlich und sekündlich Grenzen gesteckt zu bekommen, dabei jedoch ganz gegenteilig ständig große, weite, nie kraftsparende Ziele in sich zu tragen, die selten oder nie irgendjemanden wirklich interessieren, sondern stattdessen als Belästigung aufgefaßt werden – so etwas verunsichert enorm. Das Leben, wie die Gewöhnlichkeit es prägt und mit eiserner Disziplin jedem auferlegt, bringt außergewöhnliche Geister aus dem Takt. Normverletzungen, die unausweichlich geschehen, werden rigoros geahndet.

Kommt noch hinzu, daß die außergewöhnlichen Menschen ihren Kopf ständig anderswo haben, als wo die gewöhnliche Durchorganisiertheit der Welt regiert. Auch darum sind sie in der Regel so sichtbar verwirrt und reagieren zunehmend hilflos, wenn die Welt ihnen simpelste Dinge abverlangt, die ohnedies unterhalb ihres Denkvermögens angesiedelt sind. Und ihre tiefe emotionale Verstörtheit, die sie aus der Kindheit mitbringen, tut ein übriges.

Kehren wir zurück zur eingangs gestellten Frage, ob nicht die von Extremen geprägte Gefühlswelt der außergewöhnlichen Menschen die Grundlage ihrer besonderen geistigen Verfassung sein kann. Bisher spricht vieles, mindestens der Augenschein, für den umgekehrten Kausalzusammenhang.

Nur, wo sollte jenes Suchen nach Neuem und Besserem dann seine Wurzeln haben? Gewiß ist es kein nervöser Tick wie Bastelleidenschaft oder Putzsucht, und gewiß ist es auch kein intellektueller Automatismus im Sinne einer Fehlschaltung oder Übermotorik des Geistes.

Schauen wir uns also die für ihre Mitmenschen als überreizt geltende oder arg abgedämpfte, jedenfalls nie normale oder durchschnittliche emotionale Verfassung dieser Menschen etwas genauer an. Was wir finden, ist dies, daß außergewöhnliche Menschen in ihrem Instinkt, der sie stets auf eine höhere Form von Moral lenkt, auch einer anderen, ebenfalls höheren Gefühlswertigkeit verpflichtet sind. Bevor man Besseres anstrebt, soviel ist klar, muß man auch erst einmal ein Gefühl dafür haben, daß Besseres überhaupt etwas von Wert ist.

Und worin sollte dieser Wert liegen, wenn nicht in menschlichem Gewinn? Vor aller Suche, vor allem Handeln außergewöhnlicher Menschen steht nämlich ein hochspezifiziertes Gefühl für das, was Menschen fehlt. Würde sich der davon gesteuerte Sinn nur auf Praktisches und Technisches richten, gäbe es keinerlei außergewöhnliches karitatives Handeln, sondern es wären dann alle außergewöhnlichen Menschen Entdecker, Erfinder oder ähnliches.

Manche sind es zwar, nur ist ihr Ziel nicht technische Spielerei, sondern auch Weltverbesserung, und das aufgrund der Wahrnehmung einschneidender menschlicher Defizite. Wäre dem nicht so, man würde unter den außergewöhnlichen Menschen nicht so viel Hilfsbereitschaft, auch Mäzenatentum finden (wenn sie es irgendwann geschafft haben, sich in der gewöhnlichen Welt einzurichten, und Erfolg haben).

Um zu wissen, was der Welt fehlt, braucht es ein hochnervöses, außerordentlich feines Sensorium für Menschen. Erst dann kann der geistige Apparat zielgerichtet seine Arbeit aufnehmen. Außergewöhnliche Menschen sind mithin auch im Fühlen außergewöhnlich, und ihre emotionale Verwirrung betrifft nur die gelebte Oberfläche. In der Tiefe sind sie ihrer grundlegenden Gefühle sehr sicher – und können ihrer auch sicher sein, indem beinahe alles, was ein außergewöhnlicher Mensch fühlt, seinem inneren Wahrnehmen entspringt und nicht von äußeren Wünschen gesteuert ist.

Damit hängt eine bei außergewöhnlichen Menschen beobachtbare, geradezu maßlose Harmoniesuche zusammen. Denn aus der Harmonie der inneren Bewegungen entsteht ihr Sinn für Stimmigkeit und Wahrheit, der ihnen so viel tiefere und schnellere Einsichten ermöglicht. Aus der Harmonie kommen sie, in Harmonie wollen sie alles einfrieden. Aber weil das nicht geht und die gewöhnliche Welt wieder einmal gereizt reagiert (indem Harmonien ihr anzeigen, daß hier etwas stärker ist als sie selbst), unterdrücken viele außergewöhnliche Menschen ihre Harmoniesucht und werden auf längere Sicht auch von daher reizbar und sind leicht übellaunig.

Es ist, alles zusammengenommen, für die Umgebung außergewöhnlicher Menschen nicht immer einfach, die jeweiligen Gefühlsstände zu orten und angemessen darauf zu reagieren. Da aber der außergewöhnliche Mensch selbst Gefühle nur zum Anlaß nimmt, seine Gedanken und Wahrnehmungen in die eine oder andere Richtung austreiben zu lassen, berühren ihn kurzfristige Disharmonien mit seiner Umgebung eher wenig. Erst wenn sie lang anhalten und sich dissonant über seine Arbeitsfähigkeit legen, wird er sich wirklich wehren. Und insofern lebt es sich, indem seine Reaktionen sicher anzeigen, welchen Grad von Hinnehmbarkeit Situationen haben, mit ihm gar nicht so schlecht.

Undank ist der Welten Lohn

Wir haben nun viel von den Eigenschaften, Fähigkeiten und Leistungen der außergewöhnlichen Menschen gesprochen, jedoch auch von den Schwierigkeiten, mit denen die gewöhnliche Welt sie überhäuft. Eine ganz besondere Problematik, die wir noch nicht angesprochen haben, liegt im Undank, den sie zu allem Überfluß noch erfahren.

Wer mit der Geschichte nicht vertraut ist, wird am Undank der Welt leicht zweifeln. Sind nicht vielen außergewöhnlichen Menschen Denkmäler errichtet worden, heißen nicht Straßen und Plätze, Schulen und andere öffentliche Bauten, selbst Züge und Schiffe nach ihnen? Und werden nicht Generationen von Kindern mit dem Angedenken an sie traktiert?

Wer hätte in der Schule nicht bis zum Überdruß die Namen Goethe und Hölderlin, Schubert und Mozart vernommen! Wer würde nicht sogar nachts, aus dem Tiefschlaf gerissen, Einstein und Picasso als Genies benennen können (auch wenn über diese beiden die Geschichte das letzte Wort noch nicht gesprochen hat), wer hat nicht sofort Mutter Theresas weißblauen Habit vor Augen und sähe nicht Christus am Kreuz vor sich und wüßte nicht um Cäsar und Cleopatra, Tristan und Isolde, Romeo und Julia – oder, da letztere eher unter tätiger Mithilfe der umtriebigen Filmindustrie auf unsere Tage gekommen sind, auch um Richard Gere und Julia Roberts?

Und allen diesen sei Undank widerfahren? Ausnahmslos allen? Man muß, um der Frage gerecht zu werden, wohl ein wenig differenzieren.

Es fällt sofort auf, daß die Würdigung mindestens derjenigen Genannten, die dem vergangenen Jahrhundert angehören, allerdings kaum zu knapp ausgefallen ist und sie vor allem auch zu Lebzeiten erreicht hat. Das ist offenbar ein Effekt des Medienzeitalters, in das sie hineinwuchsen, und neben der reinen Würdigung ist auch die Entlohnung selten zu knapp ausgefallen.

Sind es also die geschichtlich zurückliegenden Gestalten, die zu Lebzeiten Undank erfuhren? Gewiß, Mozart hat von seinem Weltruhm im Leben nichts mitbekommen und ist anonym im Armengrab verscharrt worden. Schubert wurde verlacht und Hölderlin bedauert, der eine starb jung an Syphilis, der andere alt, dafür nach vierzig Jahren des Vergessenseins in geistiger Umnachtung.

Aber Goethe? War Goethe nicht schon zu Lebzeiten angesehen, bewundert und ein lebendes Denkmal seiner selbst? Hat er jemals Hunger gelitten oder Hohn und Spott auf sich gezogen?

In der Tat ist Goethe, was das Erleben der eigenen Weltgeltung anbelangt, eine Ausnahme (doch unendlich viele andere teilten das traurige Schicksal Mozarts und Schuberts, Rembrandts und van Goghs, Galileos und Giordano Brunos). Nur ist auch für Goethe der Dank anders ausgefallen, als er hätte sein sollen: was man ihm dankte, ist nicht, was er leistete. Denn imgrunde ist Goethe, und da sitzt er doch wieder im gleichen Boot, bis heute unverstanden geblieben und nur in Hülsen überliefert, ähnlich dem Menschen aller Menschen, dessen Verkanntsein und Kreuzigungstod denn auch stellvertretend für alle die sein mag, deren Außergewöhnlichkeit sie weit über das Denken und Fühlen ihrer Zeit hinaustrug.

Das bestürzend: nein umstürzend neue Denken und Fühlen, das Jesus in die Welt trug, ist über zweitausend Jahre in Formeln und Sprüchen, Gleichnissen und Bildchen tradiert, aber kaum jemals erklärt worden. Seine zentrale Botschaft etwa, die Botschaft der Nächstenliebe, ist selbst in unserer Zeit noch mißverstanden. Man interpretiert sie als einen soziokulturellen Aufruf, als einen Appell an Friedlichkeit und Toleranz im Umgang miteinander, als moralischen Appell. Nur meint die Botschaft der Nächstenliebe, wie die Botschaft der christlichen Liebe überhaupt, etwas völlig anderes.

Zuerst einmal ist sie, ganz wie die altbiblischen zehn Gebote, von gar keiner Moral behaftet. Sondern es werden damit

Konzepte formuliert und umrissen, die das Leben erleichtern und es der Zuwendung zu sich selbst nahebringen. Hinter den zehn Geboten und dem Gebot der Nächstenliebe verbergen sich Vorschläge zum Leben, die das Erkennen der Lebensmitte und des Lebenssinns ermöglichen sollen, basierend auf hochrichtigen Einsichten, die über die folgenden Jahrhunderte als Vorschriften und scheinbare Moral ziemlich mißverstanden worden sind.

Das Konzept der christlichen Liebe gründet etwa auf der durchschlagenden Erkenntnis, daß im sich verändernden Bewußtsein vor zweitausend Jahren ein Leben in körperlicher Furcht und geistiger Unterwürfigkeit nicht länger passend war, für das der altbiblisch strafende Gott ja noch stand. Sondern um eine neu werdende Welt zu begreifen, also in ihr lebensfähig zu sein, bedurfte es einer viel weiteren, tragfähigeren Sicht auf die Welt.

Und darum würde man, um nicht länger den alten, blutgetränkten Hierarchien verhaftet zu sein, sich nicht mehr als ein vor Gott und die Welt hingeworfenes Subjekt empfinden dürfen – vielmehr mußte der Mensch in den Menschen gesehen werden, Gleiches mußte in Gleichem erkennbar werden. Ein neuer Menschentypus wurde gebraucht, der neue Dynamik in der Welt entfaltete. Dazu bedurfte er aber neuer Erkenntnisweisen.

Das Konzept der christlichen Liebe zielt also, was sich durch zahllose Bibelstellen belegen läßt, auf ein Erkennen der Welt durch den Menschen selbst, in gleichzeitiger Abwendung von seinen alten Machttrieben, von animalischen Instinkten und blutrünstigem Opfer- oder Tätersein, und evoziert erheblich feinere individuelle seelische und geistige Sinne – die bis dahin kollektiv brachlagen und im alttestamentarischen Weltzusammenhang allenfalls manchem Propheten und sonstigem Auserwählten vorbehalten waren.

Um aber als Mensch den Menschen geistig und seelisch zu erkennen, gab und gibt es nur eine einzige wertvolle, tragende

Erkenntnismethode, eben die der Liebe. Und Liebe meint da nicht tatsächlich gelebte Liebe, sondern das, was Liebe ausmacht: ein inneres Sichanverwandeln, wie man es bei der gegengeschlechtlichen, selbst der platonischen Liebe immer wieder beobachten kann. Tatsächlich gelebte Liebe tritt zwar in den verschiedensten Spielformen auf, geistig und seelisch öffnend ist sie aber nur, wenn die Liebenden sich einander anverwandeln.

Nicht zuletzt unsere Gegenwart lehrt uns, wie kurz allerlei Theorien und Gedankenspiele greifen, die das innere Sichanverwandeln, jenes liebende Erkennen, ignorieren. Kalte Herrschaftsinstrumente werden aus solchen Konstrukten geschmiedet, die meist schnell und sehr viel gründlicher destruierend wirken als alles, was sie vorgeblich zu überwinden trachten. Die schlagendsten Beispiele dafür sind die bewußtseinsgeschichtlich noch sehr neuen Denksysteme des dialektischen Materialismus und der Psychologie, die beide der vordergründigen Befreiung des Menschen eine ungekannte Dimension geistiger Gefangenschaft hinzugefügt haben.

Christliche Liebe und Nächstenliebe dagegen zielen darauf ab, sich von solchen Erkenntnissen tragen zu lassen, die vom unmittelbaren, erlebten Blick auf den Menschen herrühren. Der fällt an vorderster Stelle auf den schauenden Mensch selbst: sich selbst soll er zuerst durchdringen, in der Folge andere Menschen erkennen und daraus für den Blick auf die Welt, für den Blick auf die Gesamtheit der Menschen lernen. Eben darum heißt es im Bibelwort von der Nächstenliebe: *Liebe deinen Nächsten wie dich selbst,* und nicht bloß, wie meist zu kurz zitiert: *Liebe deinen Nächsten* – an welchem Gesamtzitat unsere an gesellschaftlicher Toleranz eher vordergründig interessierte Welt denn auch regelmäßig scheitert. Recht verstanden schließt es die christliche Gesamtbotschaft von der Liebe aber erst auf.

Man sieht an diesem Beispiel, sozusagen dem Königsbeispiel, sehr gut, wie weit geistige Neuerungen in die Zukunft reichen. Schließlich sind seit der Zeit, da die Worte gesprochen wurden, zweitausend Jahre vergangen, und noch immer stehen die

Worte halbverstanden da oder werden blind nachgebetet. Es bedarf beim Schöpfer solcher und anderer weitreichender Worte und Taten also schon einer nicht geringen Zuversicht und Selbstgewißheit, um den Mangel an Verständnis wie an Dank fürs Geleistete ruhig hinzunehmen. Auch dafür ist das Neue Testament ein schönes Beispiel.

Zugleich werfen die erläuterten Zusammenhänge von neuem Licht auf unsere Vermutung, daß der Förderung und Unterstützung außergewöhnlicher Menschen, ob als Kind oder später, gewisse Grenzen gesetzt sind – da doch niemand wissen kann, außer dem schon öfter angesprochenen, hochsensiblen Instinkt außergewöhnlicher Menschen selbst, wohin die geistige Reise geht. Es ist ausnahmslos etwas Neues, das diese Menschen in ihrem Leben betreiben, und wenn schon die Nachwelt mit dem Verstehen ihre liebe Not hat, wer soll dann vorher die Richtung erkennen?

Nein, solche Förderung kann nur, wie alle gute Erziehung, Angebote formulieren und Anstöße geben. Den letzten waghalsigen und einsamen, stets zunächst unverstandenen Schritt muß der außergewöhnliche Mensch selbst tun. Das liegt in der Natur der Dinge, er brächte sonst ja nichts Neues hervor. Und in aller Regel stößt er damit auch die wohlmeinendste Umgebung kräftig vor den Kopf.

Das führt uns zu einer anderen, für dieses Kapitel mindestens so wichtigen Überlegung wie die vorhergegangenen. Denn nicht nur für den außergewöhnlichen Menschen ist Undank der Welten Lohn, sondern der Satz gilt umgekehrt genauso. Ja, auch die außergewöhnlichen Menschen sind undankbar, vielleicht sogar in noch größerem Maßstab.

Um kurz zum Beispiel von Jesus zurückzukehren: es gibt in der Bibel eine Vielzahl von Stellen, die seitens von Jesus eine hohe Ungeduld mit seiner Umgebung bezeugen, was bis hin zu regelrechter Ablehnung und bis zu Undank reicht. So wenig dieses Verhalten im übrigen zum Gebot der Nächstenliebe zu passen scheint, so gut paßt es jedoch zu den oben angestellten Überlegungen.

Aber auch profanere Beispiele lassen sich finden. Mozart etwa dankte seinem Vater die Mühe, die er auf die Ausbildung des Wunderkindes verwendete, wenig, und Goethe befand es weder für nötig, zur Bestattung seines Vaters noch auch zu der seiner Mutter nach Frankfurt zu reisen.

Man zieh ihn in der feinen Weimarer Gesellschaft jedoch auch sonst regelmäßig des Undanks – für die erwiesenen fürstlichen Wohltaten, für Dienstleistungen seitens seiner gesellschaftlich weit unter ihm stehenden Frau oder des berühmten Eckermann, und hinsichtlich der so offen angebotenen und immer nur mit gewissem Zweifel gelebten Freundschaften zu Schiller oder Bettina von Arnim.

Als seine Frau im Todeskampf lag, befand Goethe sich etwa zehn Meter entfernt von ihr in seinen Räumen und notierte: *Kopf leicht und frei.* Allen voran erging Herder sich in großen Klagen über den undankbaren Dichter. Und tatsächlich scherte sich Goethe eher wenig um das, was man ihm an praktischer Zuneigung entgegenbrachte. Vermutlich schien ihm das meiste davon, seiner großen Verdienste eingedenk, schlicht angemessen.

Ein weiteres typisches Beispiel für hohen Undank ist Hebbel, der Theaterdichter. In völliger Armut lebte er über viele Jahre hinweg in Hamburg, vor dem Untergang und dem Hunger gerettet durch Elise Lensing, seine an Jahren etwas ältere Lebensgefährtin, die das wenige, das sie selber besaß, bis zur Selbstverleugnung mit ihm teilte – ohne daß Hebbel auch nur ein einziges Mal auf den Gedanken verfallen wäre, etwa im Hamburger Hafen um Arbeit nachzusuchen.

Zwei Kinder gebar sie ihm in dieser Zeit, um damit, neben härtester Armut, auch noch dem Odium der ‚Illegalität‘ ausgesetzt zu sein. Hebbel bekam aber von Elise in allen diesen Jahren der Verkennung seiner Dichtungen außer aufmunternden, lieben Worten und aufopferungsvollen Wohltaten kein böses Wort zu hören. Und mitten hinein in die irgendwann doch einsetzende dichterische Anerkennung liierte sich Hebbel in Wien mit der angesehenen Schauspielerin Christine Enghaus und ließ die arme Elise allein in Hamburg zurück, der in den Folgejahren auch noch die beiden Kinder starben.

In Hebbels großartigen Tagebüchern ist das alles genau nachzulesen, in denen er auch vor sich selbst keinen Hehl daraus machte, daß er dankbarer hätte sein sollen. Bloß was half Dankbarkeit, wenn die nur handwarme Liebe zu Elise in der Hamburger Zeit richtig und angemessen war, der Hitze der Gefühle und vor allem der dichterischen Inspiration durch Christine in Wien aber nicht standhalten konnte? Immerhin lud Hebbel, nachdem er und Christine geheiratet hatten, Elise nach Wien ein und betreute sie dort liebevoll, zusammen mit seiner Frau, die zuvor monatelang vergeblich die Einladung betrieben hatte.

Was hinter solchem praktizierten Undank steht, ist leicht einzusehen. Außergewöhnliche Menschen, zu denen Hebbel ohne den geringsten Zweifel zu zählen ist, leben unter dem Diktat ihrer Begabungen und Fähigkeiten. Und wie sie sich selber jeder Härte zur Hervorbringung ihres Lebenswerks schulterzuckend aussetzen, verfahren sie auch mit ihrer nächsten Umgebung, nicht immer zu deren ungetrübter Freude.

Außergewöhnliche Menschen, sagten wir im vorangegangenen Kapitel, sind erst dann angekommen, wenn sie auf ein geeignetes Gegenüber treffen, das die schöpferische Unruhe und Erfindungsgabe nicht hindert, bewundert, ausnutzt oder sonstwie bremst, sondern in produktive Energie umzuwandeln weiß.

Nur diesen gegenüber wahren außergewöhnliche Menschen den nötigen Respekt und die angemessene Dankbarkeit – andere werden nur wie weitere lästige Widerstände behandelt, deren es im Leben im Übermaß gibt. Außergewöhnliche Menschen können nun einmal nicht anders, sie müssen den Leitlinien ihres Lebens gehorchen. Zu anderem sind sie nicht geboren.

Wenn das für ihre Umgebung Härten bedeutet, ist letztlich nichts anderes darin zu sehen als der natürliche Ausgleich für jene Schwierigkeiten, mit denen sie selber erst in der Kindheit und schließlich lebenslang zu kämpfen haben.

Undank hat also, wie alles im Leben, seine zwei Seiten, und er beschränkt sich keinesfalls nur auf die ganz großen Namen. Wenn in diesem Kapitel Zelebritäten dominieren, ist das allein dem Umstand zuzuschreiben, daß belegkräftige Beispiele für unsere Thesen gefunden werden mußten. Diejenigen außergewöhnlichen Menschen, deren Wirkungsbereich unterhalb der Schwelle nationaler Bedeutung liegt, verhalten sich kein bißchen anders.

Ein Gerechter auf hundert Ungerechte

Es herrscht ein seltsames Ungleichgewicht auf der Welt, was die Verteilung von gewöhnlichen und außergewöhnlichen Menschen anbelangt. Das Verhältnis ist mit eins zu hundert aber nur angedeutet, in Wahrheit dürfte es sich eher um eine Größenordnung von eins zu zehntausend, wenn nicht von eins zu hunderttausend handeln. Wir sprechen also, unabhängig von der Enge der anzulegenden Kriterien, über die Stecknadel im Heuhaufen – wenngleich die absolute Zahl angesichts einer europäischen Bevölkerung von ca. 500 Millionen Menschen (je nach politischer Definition) auch bei enger Auslegung nicht zu unterschätzen ist.

Und so fragt man sich, nachdem in der Kapitelüberschrift das Bibelwort von den Gerechten und Ungerechten Anwendung findet, unwillkürlich zweierlei: sind erstens die gewöhnlichen Menschen, ist ihre überwältigende Masse tatsächlich so unnütz und überflüssig, wie es der Fluß der Kapitel bisher nahezulegen scheint? Und droht zweitens einer Welt, die mit so wenig Außergewöhnlichkeit auszukommen hat, eigentlich kein Schaden?

Zu ersterem ist zu sagen, daß die Welt sich das Hohelied der Gewöhnlichkeit selber singt. Sie besorgt die Heiligsprechung des Durchschnitts ganz allein und bedarf darum, auf diesen Seiten schon gar, keiner Zuwendung. Doch um Gerechtigkeit walten zu lassen, kann eingeräumt werden, daß die gewöhnlichen Menschen der Welt zu Kontinuität und Solidität verhelfen.

Es ist zwar nicht durchgängig erfreulich, was diese Geister bauen und richten, doch sind ihre Häuser immerhin bewohnbar, ihre Straßen befahrbar, ihre Züge einigermaßen pünktlich, und sie schaffen auch sonst ein einigermaßen erträgliches Netzwerk von Nützlichem und Notwendigem.

Gewiß, manches Steuergesetz könnte besser konzipiert sein, manches Krankenhaus effizienter und freundlicher arbeiten, manche Dienstleistung verläßlicher ausfallen. Ein weniges mehr an Inspiration könnte durchweg nicht schaden. Aber um das Heer der Millionen, das sie selber sind, zu organisieren und zu kanalisieren, sind die gewöhnlichen Menschen geeignet wie niemand sonst. Das Zusammenleben auf unserem Planeten wäre, man muß es eingestehen, mit fortwährender Neuerung allein auch nicht befriedigend zu gestalten.

Die zweite Fragestellung ist wesentlich interessanter. Denn dahinter steckt die Frage, wie das Zusammenspiel von Bewahren und Erneuern, von Stillstand und Bewegung gesamtgesellschaftlich genau funktioniert. Entspricht die ungleichgewichtige Verteilung von gewöhnlichen und außergewöhnlichen Menschen am Ende den Bedürfnissen der Welt? Es steht zu vermuten, daß es sich so verhält. Schließlich erweist sich gewöhnlich alles, was auf der Welt geschieht (oder nicht geschieht), mindestens längerfristig als außerordentlich fein ausbalanciert.

Und doch gibt es Augenblicke, in denen die Balance nicht mehr stimmt und das eine oder andere System umzukippen droht. Die inflationäre Redeweise vom Ökosystem, die das so viel gehaltvollere Wort der Schöpfung beinahe verdrängt hat, schärft wenigstens den Blick für jenes Umkippen (das folgende und letzte Kapitel wird sich umfassend damit beschäftigen). Vorerst soll uns nur das Zusammenspiel der Kräfte selbst, also der reine Funktionsmechanismus, interessieren.

Ein flüchtiger Blick in die Geschichte der Menschheit genügt schon, um festzustellen, daß die Fortentwicklung der menschlichen Art eine einzige Abfolge von Krisen, Katastrophen, Zusammenbrüchen und Aufbrüchen ist. Der Gedanke liegt nahe (und ist im religiösen wie auch im gesellschaftstheoretischen Denken unserer Zeit immer wieder geäußert worden), daß ein Mehr an außergewöhnlichen Taten und Einsichten der Welt einiges erspart hätte.

Andererseits zeigt sich, nur bedarf es hierfür eines zweiten, vertiefenden Blicks in die Geschichte, daß zum einen alle Krisen und Katastrophen die Fortentwicklung nicht nur nicht behindert, sondern geradezu befruchtet haben, sondern daß zum anderen stets auch das zahlenmäßig zwar geringe Maß an außergewöhnlicher menschlicher Energie hinreichte, um dem Neuanfang, der fruchtbaren Weiterentwicklung die entscheidenden Impulse zu geben.

Beschränkt man sich daher bei der Suche nach der letztlichen Ausgewogenheit des zunächst doch so unausgewogenen Verhältnisses von Gewöhnlichkeit und Außergewöhnlichkeit, so wird man in Hinsicht auf die Impulsgebung positive Indizien finden. Die Sache verhält sich ähnlich wie in einem Verbrennungsmotor, wo der Funke einer Zündkerze hinreicht, um vier Takte des Verbrennens, Ausstoßens, Ansaugens und Verdichtens, zwei Kurbelwellenumdrehungen und die Kraftübertragung auf ein Getriebe zu initiieren.

Für die Vergangenheit darf man mindestens davon ausgehen, daß die Größenordnungen stimmig sind. Denn auch die Spekulation, ob mehr außergewöhnliche Menschen nicht noch fruchtbarere Impulse hätten geben können, ist obsolet, indem sie bei den zurückliegenden geschichtlichen Umwälzungen und Fortentwicklungen übersieht, wie sehr sich die Masse der Menschen in ihnen artikuliert, einem untergründig-dumpfen Getriebensein gehorchend. Die außergewöhnlichen Menschen waren stets nur die Steuerleute, Kursgeber oder Visionäre. In ihrem Wesen und in ihrer Anlage war das, was die Masse dumpf umtrieb, klarer konturiert, es war dem individuellen Bewußtsein zugänglich. Prinzipiell war jedoch nichts in ihnen anders angelegt als in der Masse der Menschen selbst. Es trat nur viel reiner, konzentrierter und eben bewußter ausgeprägt in Erscheinung. Mehr davon hätte die Masse auch überfordert.

Und damit ist eine weitere bestimmende Eigenschaft der außergewöhnlichen Menschen benannt: ihr Vorläufertum. Was sie antreibt, ihre nervöse, kreative Unruhe, das ständige Hinterfragen, ihre Instinktsicherheit höherer Art, alles dies und noch viel mehr ist im Grunde nichts als ein früher Reflex auf das, was die Masse im Kollektiv auch hat, nur eben nicht im

Einzelnen – womit wir unsere Würdigung der gewöhnlichen Menschen zugleich ein wenig erweitern können.

Denn aus dieser Überlegung resultiert ein schöner Erkenntnisschritt. Wenn also außergewöhnliche Menschen die Entwicklungen der Zeit in individueller, hoher Konzentration wie in einem Brennglas einfangen oder parabolisch vorausspiegeln, dann muß man sich über die Hitze nicht wundern, die in ihnen entsteht. Ihre Unrast, ihre hohe Instinktfertigkeit sind mithin die Folge einer enormen geistigen Verdichtung, und exakt so drückt sich ihr Tun und Lassen schließlich auch aus.

Zur Bewertung dieses Sachverhalts, der das Phänomen des außergewöhnlichen Menschen fast zu banalisieren scheint, müssen wir zur Frage der geistigen Selbsternährung der außergewöhnlichen Menschen zurückkehren, die uns eingangs aller unserer Überlegungen beschäftigt hat. Es ist keine Frage, daß die aktuelle Einflußnahme auf außergewöhnliche Kinder durch Erziehung oder andere Maßnahmen wenig Einfluß haben kann, wenn das, was die gewöhnliche Welt ihnen anerziehen will, bereits hochverdichtet (und überpersönlich!) in ihnen vorhanden ist. In solchen Kindern ist mehr an strategischem Vorwissen angelegt, als alle wohlmeinenden Menschen ihrer Umgebung zusammen in Anschlag bringen können, und es ist zudem ein Wissen, das die Umschwünge und Neuorientierungen der Welt in sich trägt.

Natürlich muß ein solches Wissen sich jeder Einflußnahme verweigern, muß sich vor falscher geistiger Ernährung schützen. Schließlich hat es genug Eigennahrung, vergleichbar einer atomaren Kettenreaktion, die, einmal in Gang gesetzt, keiner weiteren Energiezufuhr bedarf. Und natürlich kommt irgendwann auch der Tag, sozusagen der Supergau des außergewöhnlichen Menschen, wo er seiner Umgebung, auch der feinsinnigsten Förderung, den Rücken kehrt und aus seinem Wissen Taten folgen läßt.

Alles das zusammengenommen und wohlverstanden, bleibt immer noch die Frage, ob es nicht etwas vermessen ist, die außergewöhnlichen Menschen mit dem Bibelwort des Gerechten zu belegen und die gewöhnlichen Menschen folglich als Ungerechte zu diffamieren. Moralisch ist der Angelegenheit sicher nicht beizukommen, gute und schlechte Charaktereigenschaften gibt es hier wie da. Zudem haben wir uns der Ungeeignetheit moralischer Kategorien schon im letzten Kapitel versichert.

Dafür fällt etwas anderes ins Gewicht. Und zwar ist allen außergewöhnlichen Menschen gemeinsam, daß sie keinerlei Machtstreben kennen. Das mag zunächst etwas unglaubwürdig klingen, wenn man in geschichtlichen Beispielen denkt – ist jedoch nicht von der Hand zu weisen, wenn man Macht und ihre Verwertung in eins setzt. Dann zeigt sich nämlich, daß außergewöhnliche Menschen in der Regel gerade so viel Macht anstreben, wie sie zur Umsetzung ihrer Pläne und Gedanken gerade benötigen.

Macht ist für sie nur ein Faktor in einem viel größeren Zusammenhang, während das Machtstreben gewöhnlicher Menschen meist für sich allein steht oder die Insignien der Macht mitmeint wie Geld, Ansehen, Eros. Man kennt das Gehabe von Provinzfürsten, die heute im Gewand von Chefärzten, Gewerkschaftsfunktionären und Fernsehleuten daherkommen. Statt die ihnen institutionell eingeräumte Macht sinnvoll zu nutzen, verwenden sie viel Zeit und noch mehr Energie darauf, Eigendarstellung zu betreiben, im Zuge der Zeit zwar demokratisch eingekleidet, darum aber nicht minder pfauenhaft, wohlwollend-herablassend und gnadenlos-grausam. Ein die Zeiten überdauerndes Beispiel dafür ist jener famose Dorfrichter Adam, dessen Schöpfer Heinrich von Kleist wohl wußte, welchem Menschenschlag er sein unglückliches und außergewöhnliches Schicksal wenigstens in Teilen verdankte.

Neben ihrem gewissermaßen egalitären Machtstreben fällt bei den außergewöhnlichen Menschen ein weiterer, damit unmittelbar in Verbindung stehender Zug der Persönlichkeit ins Auge – sie betreiben, auch wenn sie wahrlich Anlaß haben, das Gegenteil zu denken, die Gleichheit der Menschen.

Dahinter steht die (eingedenk alles Gesagten sehr verständliche) Einsicht, daß die konstitutionell verankerte Gleichheit der Menschen in unserer Zeit nur behauptet ist. Denn sie ist eine Gleichheit in der Masse, gewissermaßen die Gleichheit anonymisierter Persönlichkeiten. Und solche Masse, weiß der außergewöhnliche Mensch, verschluckt den Einzelnen. Für ihn ist alles Massenwesen entschieden ein Rückschritt, es gedeiht darin nichts Gutes: schließlich muß die Masse, schon zum Zwecke ihrer Organisation und letztlich im Widerspruch zu den in der Verfassung niedergelegten Bürgerrechten, ja doch hierarchisiert werden.

Die einzurichtenden Machtkonzentrationen führen dann (s.o.) rasch zu erheblichen Schieflagen. Gleichheit ist, wenn sie von der Masse aus gedacht und definiert wird, auch im demokratischen Staatswesen zuguterletzt nur ein Konstrukt – nicht einmal die Gleichheit vor dem Gesetz ist gewahrt, wenn man nur daran denkt, daß nicht jeder Staatsbürger sich den gleichen Anwalt leisten kann.

George Orwell hat dafür in seiner wunderbaren Persiflage auf den Kommunismus, Animal Farm, eine griffige Formel gefunden. Im Kommunismus wird die demokratische Gleichheit, die in der durch freie und geheime Wahlen beständig kontrollierten Aufteilung in Legislative, Judikative und Exekutive wenigstens praktisch angebunden ist, noch viel theorielastiger gewährt. Und so läßt Orwell die Schweine, nachdem sie die Macht auf der Farm an sich gebracht haben, eines Tages unter den obersten Grundsatz ihrer Landkommune: *Alle Tiere sind gleich,* den Grundsatz aller massengesellschaftlichen Gleichheit hinschreiben *Manche Tiere sind gleicher als andere.*

Gleichheit, wie der außergewöhnliche Mensch sie versteht, ist dagegen Gleichheit der individuellen Geltung, was die Bürgerrechte miteinschließt. Jeder Mensch gilt also, wenn er tut, was er kann, gleich viel. Solche Gleichheit der Geltung ist für den außergewöhnlichen Menschen die Grundlage von allem. Denn nur in ihr erkennt er auch sich selbst wieder.

In dieser Auffassung verbirgt sich im übrigen tatsächlich ein hoher Sinn für Gerechtigkeit. So gesehen ist es vielleicht doch nicht unangemessen, vom außergewöhnlichen Menschen als dem einen Gerechten unter hundert Ungerechten zu sprechen – auch weil letztere alle Freiheit, Gleichheit und Brüderlichkeit, die ihnen gewährt wird, eher geschenkt bekommen als sie sich zu erwerben. Aus der Sicht des außergewöhnlichen Menschen muß aber jedes Gut stets von neuem mit Sinn gefüllt werden, um seiner auf Dauer habhaft zu sein. Was also relativ ist, kann nur durch unablässiges Tätigsein absolute Geltung erlangen. Für den außergewöhnlichen Menschen ist Goethes: *Was du ererbt von deinen Vätern hast, erwirb es, um es zu besitzen* gelebte, selbstbezogene Praxis.

Ausblick ins Zeitalter des Wassermanns

Unsere Überlegungen bisher waren bestrebt, das thematische Feld des außergewöhnlichen Menschen von allen möglichen Seiten einzukreisen und unter den verschiedensten Aspekten auszuleuchten. Dabei haben wir uns notwendigerweise solchen Einsichten verpflichtet, die wir aus der Beobachtung der Vergangenheit und der Gegenwart gewinnen konnten.

Es ist darum an der Zeit, auch der Zukunft den ihr gebührenden Platz einzuräumen, nicht zuletzt deswegen, weil die Gegenwart sich, anders als der gewöhnliche Geist glaubt, nicht rein aus der Vergangenheit speist, sondern ebensosehr aus dem, was zukünftig geschieht. Denn die gelebte Gegenwart ist, recht besehen, nichts als eine Schnittstelle zweier ewiger Zeitblöcke – die zwar einzig dem jeweiligen Erleben authentisch die Bühne bereitet, sich darum aber doch, um im Bild zu bleiben, aus dem schon gesprochenen und noch zu sprechenden Dramentext speist.

Darüber hinaus stehen wir sowohl auf der Schwelle eines neuen Jahrhunderts als auch auf der Schwelle eines neuen Jahrtausends – und nicht nur das. Alle zweitausend Jahre tritt die Menschheit (nach Platon) in ein neues Zeitalter ein, das den astrologischen Tierkreiszeichen angelehnt ist. Der Übertritt vom 31. Dezember 2000 zum 1. Januar 2001 markierte also nicht nur den Schritt ins neue Säkulum und Millenium, sondern auch den Schritt vom Zeitalter der Fische, das mit Christi Geburt begann, ins Zeitalter des Wassermanns.

Übrigens streiten sich die astrologischen Geister ein wenig über das exakte Datum. Manche setzen die astronomische Entdeckung des Uranus in der Mitte des 19. Jahrhunderts als Wendepunkt an, andere die französische Revolution mit der Formulierung der Bürgerrechte, mithin noch einmal 50 Jahre früher.

Plausibler als diese beiden auf allzu sichtbare, vordergründige Zeichen setzenden Ansichten ist aber die Datierung auf die

Jahrtausendwende, indem sie den seelischen Gegebenheiten gerechter wird, die den Übertritt in ein neues Zeitalter schließlich ausmachen. In den geschichtlichen Momenten wie der Entdeckung des Uranus und der Französischen Revolution ist also wohl eher eine Art Wetterleuchten zu sehen: was zweitausend Jahre lang Gültigkeit hatte, ist nicht in einem Augenblick aus der Welt zu schaffen.

Das Zeitalter der Fische, das wir mit der Jahrtausendwende endgültig verlassen haben, ist gekennzeichnet durch eine sich selbst halbbewußte, hingabebereite Haltung des Menschen, durch ein seelisches Teilhaben am großen Strom, das auf der einen Seite ein gewisses entpersönlichtes Sichöffnen und auf der anderen Seite das persönliche Opfer voraussetzt. Die Merkmale dieser Seelenhaltung ziehen sich wie ein roter Faden durch die letzten zweitausend Jahre und sind im Christentum idealtypisch verkörpert.

In den politisch-diesseitigen Dingen sind sie nicht weniger sichtbar geworden. Das vergangene Jahrhundert ist, gerade was die Hingabe an Ideologien und andere Kampfformen anbelangt, in gewisser Hinsicht so etwas wie die Apotheose, eine Überhöhung und das letzte, gewalttätige Aufzucken des altgewordenen Prinzips.

Das hereinbrechende Zeitalter des Wassermanns ist nun eines, das wesentlich von der Aufhebung vieler alter Polaritäten lebt, die das Zeitalter der Fische, auch der Zeitalter davor, ausgemacht haben. Der scheinbar unversöhnliche Gegensatz von Individuum und Gesellschaft gehört dazu, nicht anders als etwa die Gegensätze von Technik und Natur, Fühlen und Denken, Wachsein und Träumen, Zukunft und Vergangenheit, Realität und Kunst, Glauben und Wissen – sowie nicht zuletzt der Gegensatz von Gott und Mensch und der Gegensatz der Geschlechter.

Letzterer ist heute schon mit bloßem Auge zu beobachten. Vielen in unseren Tagen geborenen Kindern haftet etwas Androgynes an, das sie zwar immer noch eindeutig Junge oder Mädchen sein läßt, sie aber doch viel feiner geschlechtlich zeichnet. In den Jungen ist ein feminines Element äußerlich deutlich sichtbar geworden, sie sind auch wahrnehmbar gefühliger als früher, während bei den Mädchen das abstrakte Denkvermögen merklich zunimmt und ihr Äußeres sich strafft und anspannt.

Über allem aber markiert das Zeitalter des Wassermanns den Übertritt ins Bewußtsein. Anders ist auch die Aufhebung der aufgezählten Polaritäten gar nicht zu denken, schließlich liegt jeder Überwindung von Gegensätzen eine Erkenntnis zugrunde: notwendig des Verbindenden, das den Gegensatz aufschließt. Und die Summe von Gegensätzen, die Umfassendheit von Polaritäten, die das Wassermannzeitalter aufzulösen verspricht, verlangt zweifellos nach mehr als einem einzigen Erkenntnisschritt. Dazu bedarf es einer grundlegend anderen Geisteshaltung, eben eines neuen Bewußtseins.

Wie hat man sich so ein verändertes Bewußtsein vorzustellen, das mit den jahrhundertealten, so vertrauten Gegensatzpaaren aufräumen könnte? Gar nicht viel anders als alles das, was wir bisher über die geistig-seelische Konstitution des außergewöhnlichen Menschen zusammengetragen haben. Im übrigen zeigt das Beispiel der gegengeschlechtlichen Annäherung, daß die Sache auch einen biologischen Aspekt hat.

Es ist also keinesfalls so, daß die Überwindung der Gegensätze nach strengerer, kanonisierter Geisteserziehung riefe. Vielmehr fallen die Pole in eins, wenn die Zeit dafür gekommen ist. Und das war auch früher so.

Das Eindringen arabischer Mathematik in die spätmittelalterliche europäische Kultur machte es möglich, die alten geozentrischen Vorstellungen vom Sphärenhimmel und der Erde als Scheibe rein rechnerisch zu widerlegen (Kopernikus). Eine entwickelte Schiffahrt ermöglichte es, der Vorstellung von der Erde als Kugel nautisch näherzurücken und sie zum Schluß zu beweisen (Magellan). Der hochwertige Schliff von Gläsern erlaubte den Blick auf die Himmelskörper, deren zuvor nur berechnete Bewegungen dadurch sichtbar wurden (Galilei). Eine industrialisierte Welt und die subtile Kenntnis von Brennstoffen gestatteten schließlich den Flug ins All und die Landung auf dem Mond (Wernher von Braun).

Stückweise, wie man sieht, löste die Neuzeit seit dem Ende des Mittelalters die großen Gegensatzpaare von Himmel und Erde, oben und unten, rechts und links auf und drängte zugleich die alten Vorstellungen von Gott und den Menschen immer mehr ins Abstrakte. Die entscheidende Auflösung dieses Gegensatzpaares steht allerdings aus, ist aber angelegt.

Den entscheidenden Hinweis darauf gab das Christentum selbst, indem es die Vorstellung des altbiblischen Gottes um die Offenbarung von Jesus Christus erweiterte – der Eintritt des göttlichen, einzigen Menschensohns in die Religiösität trägt in sich den Keim zur Überwindung metaphysischen Außenseins, zur Überwindung transzendentaler Unwirklichkeit, die im Gegensatz stünde zur realen Mühsal des Erdenlebens.

Den entscheidenden Schritt über Jesus hinaus hat die Welt bisher nicht getan und auch nicht tun können – bevor eben die in einem früheren Kapitel dargelegte Weltsicht, die sich an das Gebot der Nächstenliebe und der christlichen Liebe insgesamt knüpft, nicht vollgültig in die Welt getreten war. Dazu bedurfte es als Vorlauf einer weitreichenden Epoche (geistige Umwälzungen benötigen viel mehr Zeit als physische), eines ganzen christlichen Zeitalters, das ebensogut als Zeitalter der Fische, dem christlichen Symbol schlechthin, zu begreifen ist.

Doch wie immer, wenn eine Epoche sich dem Ende zuzuneigen beginnt, fehlt es auch hier nicht an Propheten, Hinweisen und Zeichen. In unserem speziellen Fall, dem Antagonismus von Gott und Mensch, hat sich die kommende Zeit wesentlich durch Nietzsche angekündigt.

Sein nur vordergründig grober Satz *Gott ist tot* ist als atheistisches Kanonenfutter gründlich mißbraucht worden. In Wirklichkeit ging es Nietzsche vor gut einhundert Jahren darum, die Unmöglichkeit eines lebendigen Gottes im menschlich Gedachten zu markieren. Der Satz, in den er seine Überzeugung kleidet, ist wüst, gewiß, und er entspricht in jeder Hinsicht Nietzsches Desiderat, mit dem Hammer zu philosophieren. Und doch enthält er jenes Körnchen bebender Wahrheit, mit dem spätere Erschütterungen sich seismographisch vorhersagen.

Kehren wir zurück zu anderen, weniger brisanten Gegensatzpaaren. Fraglos ist es so, daß sie alle wenigstens in der Freizeit- und Wohlstandswelt unserer Tage spielerisch schon Auflösung erfahren. Kaum ein am Nachbartisch belauschtes Cafégeplauder, kaum ein Kamingespräch oder eine Abendgesellschaft scheinen mehr ohne jene vulgärphilosophischen Versatzstücke auszukommen, die besagen, daß der Mensch der Gegenwart in sich hineinhorchen müsse, seiner Stimme zu folgen habe, traumhaft sicher sein könne, wenn er nur fühle, was er immer schon wisse und dergleichen mehr. Solcherart bereichert, heißt es gern, erfahre er großes Glück, und zwar in Form erheblicher Sinnstiftung.

Und das ist nicht einmal falsch. Es ist nur der banale Ausdruck von tiefer Sinnverwirrung einerseits und ebenso tiefer Sinnsuche andererseits. Daß aus dem halbblinden Umhertasten allerlei Sekten und esoterische Formationen ihr fettes Süppchen kochen, ist wenig erfreulich, ändert aber am grundsätzlichen Neuorientieren gar nichts.

Die alten, materiell begründeten Sinnkategorien, die über Jahrhunderte hinweg das Leben dominierten und unter christlicher Anführung gewollt und transzendiert wurden, haben keine Kraft mehr. Sondern sie haben uns an den Rand unserer Physis und Psyche gebracht und bedürfen dringend einer Umwertung – wenn das, was die alten Sinnkategorien erschaffen haben an menschlichen wie spirituellen Gütern, nicht dem Untergang preisgegeben sein soll.

Es bedarf zweifellos eines erweiterten Menschenbildes, um den alten Widerspruch von Technik und Natur zu überwinden. Allgemein ist man unserer Tage der Ansicht, daß mit dem

Eintritt des Industrialismus in die Geschichte selbige aufgehört habe, natürlich zu sein – indem ab dem Ende des vorletzten Jahrhunderts nicht mehr der Mensch bestimmt hätte, was technisch machbar wäre, sondern die Technik immer mehr festlegte, in welchem Rahmen der Mensch überhaupt noch Mensch sei. Die Natur, meint man gewöhnlich, hätte ihre Dominanz mit der Erfindung der Dampfmaschine eingebüßt.

Diese Denkhaltung übersieht zweierlei. Sie übersieht zum einen, daß alle Natur immer auch Technik ist, ausnahmslos: vom noch sehr einsehbaren Beispiel des Termitenbaus über das schon weniger einsehbare Beispiel des Adlerflügels bis hin zum vollends uneinsehbaren Beispiel der Gefühle. Zu letzterem haben wir aber schon einiges gesagt, was nämlich das Ineinandergreifen von Gefühl und Struktur anbelangt.

Und zum anderen übersieht diese Denkhaltung, daß nichts und niemand der Natur ausgangs des letzten Jahrhunderts etwa den perfiden Befehl erteilte, sich nunmehr dem Diktat einer sich rasant entwickelnden Technik zu unterwerfen. Vielmehr ist der Eintritt ins Industriezeitalter, wie jeder andere Übergang auch, eine Folge hochkomplexer, von niemandem gesteuerter Vorgänge, die letztlich alle von Anbeginn an ihren Grund haben und allein in diesem Sinne tiefste Natur sind.

Der Fehler im Denken ist dabei dieser: daß der Begriff der Natur schleichend den Begriff von Gott ersetzt hat und, durch die Ausblendung spiritueller Räume, ausgehöhlt worden ist, so daß, wo kein Gott wohne, wohl oder übel der Mensch seine Finger im Spiel haben müsse.

Und die sind seit Kains biblischen Zeiten (und im damit verbundenen Wahrnehmen und Denken) mit Blut behaftet, so wie der menschliche Geist seit Jakobs Zeiten als verschlagen gilt. So daß die Natur, kaum hat der Mensch, wie er glaubt, die Fäden selbst in der Hand, tatsächlich zu seiner Marionette geworden ist. Nur daß wiederum die Bibel, die so viel älter ist als alles industrialisierte Denken, in Kains und Jakobs Schuld eine Vitalität und Entwicklung allegorisch angelegt hat, die sie Abel und Esau verwehrte.

Was folgt aus alledem? Daß Natur, indem sie als göttliche Schöpfung gedacht wird, immer Natur war, ist und bleibt. Und daß der Mensch sich nur insofern buchstäblich die Luft zum Atmen nimmt, als er sich selbst für den Begründer seiner Technik hält – oder als er nicht vermag, den ins Spielerische mündenden und damit entwerteten Begriff von Gott neu zu fassen. Hier liegt das eigentliche Problem, denn aus der misanthropischen Sicht folgt wie noch immer wenig Positives.

Um aber keine Mißverständnisse aufkommen zu lassen, sei noch einmal gesagt, daß das Christentum selbst die Grundlagen für die begriffliche Not gelegt hat, die es nun zu überwinden gilt. Für zweitausend Jahre, die hinter uns liegen, hat es die Erkenntnisfortschritte der Menschheit so dynamisiert, daß ein Ende sowohl unausweichlich als auch einkalkuliert war. Der Übertritt in eine weitere Erkenntnisepoche ist damit wiederum eine Sache des Christentums, wenigstens wird es entscheidend daran beteiligt sein. Denn erst aus der Zusammenschau alttestamentarischen wie neutestamentarischen Denkens ergibt sich ein Drittes, das den Übertritt fruchtbar macht.

Das sei am Beispiel des Gegensatzes von Individuum und Gesellschaft erläutert. Hat das alttestamentarische Denken, das den Menschen als vor Gott hingeworfenes Subjekt ansah und nur sehr wenige, dann allegorisch überhöhte Individuen kannte, so etwas wie Gesellschaft begrifflich nicht vorgesehen resp. die menschliche Gemeinschaft als die eigentliche Existenzform hochgradig nichtindividueller Menschen begriffen, so führt das neutestamentarische Denken durch Jesus gerade den Faktor Individuum ins Feld, der allerdings über die Christusnachfolge durch die zwölf Apostel und schließlich die christliche Gemeinschaft (eine individualisierte Fortsetzung des alttestamentarischen Gemeinschaftsbegriffs!) im gleichen Schritt sein gesellschaftliches Gegenstück bekommt.

Im Antagonismus Individuum und Gesellschaft, überhöht durch Gott als Dritten im heiligen Bund (während alttestamentarisch der Antagonismus noch Gott und Mensch lautete, was zum schönen Ausgleich bedeutete, daß die Menschen Gott immerhin kannten), vollziehen sich dann die nächsten zweitausend Jahre. Der entscheidende Schritt heute, um den es uns in diesem Kapitel zu tun ist, wird nun sein, daß sich das Individuum seiner gesellschaftlichen, letztlich christlichen, neutestamentarischen Fesseln entledigt und über den alttestamentarischen Begriff von Gott, befruchtet von der neutestamentarischen Menschwerdung Gottes, zu sich selbst findet.

Anders gesagt bedarf der moderne Mensch dringend einer Rückbesinnung auf göttlichgeistige Universalien, und zwar unter Einbeziehung der in den Menschen selbst verlagerten Sicht auf alles Göttliche durch Jesus. Er bedarf, wiederum anders gesagt, einer transzendentalen Neubestimmung, wobei er jenes Göttliche, Übernatürliche in sich selbst dingfest machen muß.

Der Wildwuchs alles Materiellen, alles Technischen, der so gern propagiert wird, aber doch nicht letztlich der Fall ist, würde sonst geistige Wirklichkeit. Bisher ist auch die radikalste technische Neuerung, etwa die Kernspaltung, noch in einem tiefen Sinngefüge aufgehoben, eben dem christlichen. Da aber der christliche Impuls zu verlöschen beginnt, indem sein Erkenntniswert dabei ist, sich zu erschöpfen, kann nur ein neuer, visionärer Schritt der Welterkenntnis und ihrer Zusammenhänge den Weg weisen.

Die in der Zeit des christlich liebenden Erkennens gewonnenen Einsichten und Techniken dauern an, sie müssen nur aus der Gefahrenzone unendlicher kultureller Mutation genommen werden – ähnlich wie jene Neubestimmung der Welt durch Jesus davor schützte, von einem zornigen, rachsüchtigen Gott zermalmt zu werden (indem man sich ihm ergäbe), statt durch ihn weiterhin die bewährte geistige Herausforderung und Dynamisierung zu erfahren.

Unterdessen – mag es scheinen – sind wir von unserem eigentlichen Vorhaben, die Dinge des Wassermannzeitalters mit unserem Thema des außergewöhnlichen Menschen zu verknüpfen, weit abgekommen. Dem ist aber nicht so. Sondern ganz gegenteilig ergibt sich aus dem oben Ausgeführten und der Zusammenschau mit allen unseren bisherigen Überlegungen, daß in der geistigen Grundanlage des außergewöhnlichen Menschen die Folie schon bereitliegt, durch die ein neuer Weltentwurf projiziert werden kann. Denn vieles von dem, was den entscheidenden Schritt über das christlich-liebende Erkennen hinaus prägen wird, ist in ihm angelegt.

Es ist dabei vor allem jenes höhere Bewußtsein (das sich mit hochfeinen Instinkten durch die Strukturen der Welt bewegt und sich an überpersönliche Wahrheiten knüpft), dessen die Welt bedarf und das auch den gewöhnlichsten Menschen der Zukunft wird ausmachen müssen. Dieses Bewußtsein, das in sich selbst den Geist der Schöpfung erfühlen kann, ist das entscheidende Erkenntnisinstrument.

Keine Frage auch, daß gewisse altbewährte Gegensätze vor diesem Bewußtsein gesamtgesellschaftlich dahinschmelzen werden. Der außergewöhnliche Mensch ist heute schon einer, der Wissen und Glauben in eins setzt, der die Fortentwicklung der Technik über Gefühlskategorien betreibt, der Traumwelt und Wirklichkeit als streng aufeinander bezogen begreift, der die osmotische, gegenseitige Durchlässigkeit von Vergangenheit und Zukunft kennt und schätzt – und der nicht zuletzt darum weiß, in welcher Wahrhaftigkeit Kunst und Realität sich nicht nur bedingen, sondern geradezu identisch sind.

Der außergewöhnliche Mensch ist also, und damit kommen wir zum Ende unserer Überlegungen, in der Gesamtheit seines Aufscheinens ein Vorläufer dessen, was die gewöhnliche Welt ausmachen wird. Und mindestens in dieser Hinsicht finden wir jene frühe Feststellung, die wir im ersten Kapitel trafen, daß nämlich die Ausnahme des Außergewöhnlichen die Regel des Gewöhnlichen alimentiert, vollauf bestätigt. Ohne die geistig-seelische Verfaßtheit des außergewöhnlichen Menschen ist der Gesellschaftsvertrag der Zukunft jedenfalls nicht zu entwerfen.

Ein anderes ist, gewiß zur Überraschung mancher, jedoch auch deutlich geworden: daß der außergewöhnliche Mensch ein Phänomen ist, das in einem kulturellen Sinn christlich zu nennen ist. In anderen und früheren Kulturzusammenhängen ist einst der gottgnädige Mensch aufgetreten, sei es als Held, als Prophet oder als einfacher Sendbote Gottes.

Im Zeitalter des Christentums trat dann das Individuum nach vorn, das aus eigener Gnade lebt und im außergewöhnlichen Menschen einen seiner würdigsten Vertreter fand – und im Zeitalter des Wassermanns zum Normalstand der Gesellschaft gehören wird. Gottesgnadentum und Demut gehören bei ihm gewissermaßen zur geistigen Grundausstattung, indem sie ihn konstituieren: so daß ohne Hingabe an das, was über allem wahr ist, kein Schritt von Wert mehr zu denken ist.

Beenden wir unsere kleine Abhandlung über den außergewöhnlichen Menschen mit einer Bemerkung von Marc Aurel, der sagte, daß ein Mensch das betrachten solle, was im Universum vortrefflich sei – und das, was in ihm selber vortrefflich sei. Denn beides gehöre zusammen.

www.ingramcontent.com/pod-product-compliance
Lightning Source LLC
Chambersburg PA
CBHW030853270326
41928CB00008B/1351